COCKTAILS & sculptures
DE FRUITS ET LÉGUMES

Frédéric Jaunault

COCKTAILS & sculptures
DE FRUITS ET LÉGUMES

CHIRON ÉDITEUR

Une de mes pensées préférées est :

« J'entends et j'oublie,
je vois et je me souviens,
je fais et je comprends.»

Tous mes remerciements vont
à madame Peggy Nowak,
pour ses conseils en image, et
aux établissements Tellier SAS,
dont la collaboration me permet
de developper ma technique.

Frédéric

© ISBN : 978-2-7027-1190-3

BONJOUR !

Vous le savez comme moi, la cuisine ce n'est pas seulement du bon, c'est aussi du beau ! Lorsque vous recevez des amis, vous aussi consacrez sûrement un peu de temps à bien présenter le plat que vous allez servir.

Prendre le temps de bien décorer le plat, c'est montrer de l'attention à ses hôtes, leur faire honneur. C'est aussi attirer l'attention sur la valeur des aliments que vous offrez à manger, remettre un peu de cérémoniel autour de la notion de nourriture, se rappeler qu'il faut la respecter.

Ce faisant, vous perpétuez, sans peut-être le savoir, une tradition immémoriale (nos parents ou nos grands-parents ne bénissaient-ils pas le pain ?) et vous partagez l'esprit de la sculpture de fruits et légumes.

Cet art, car c'en est un, j'y ai été initié dès mes toutes premières années d'apprentissage, dans de très grandes maisons comme le Plaza Athénée, Ledoyen ou le Concorde Lafayette. J'y ai travaillé auprès de compagnons ou de meilleurs ouvriers de France ; chacun m'a léqué une technique pour sculpter les fruits et les légumes. Mais c'est aux Bermudes, où j'ai rencontré un expert philippin en la matière, que j'ai eu la révélation de ce qu'était la sculpture des fruits et légumes, de la richesse de cette pratique artistique. Pris de passion pour cet art de l'éphémère, j'ai décidé d'acquérir ce savoir-faire et de le transmettre aux professionnels des métiers de bouche.

Je suis parti en Thaïlande, à Chang Maï, suivre une formation. J'ai découvert des techniques pour faire des fleurs et des objets, j'ai appris à travailler des fruits et légumes que je ne sculptais pas auparavant : mangue, papaye, pastèque, gousse d'ail ou gingembre...

L'art de la sculpture sur légumes et fruits demande de l'entraînement et de la sagesse. Dans ce livre je vous propose d'acquérir des techniques simples et rapides en apprenant à décorer des cocktails en eux-mêmes assez étonnants : ils mélangent des saveurs et des textures originales, épicées et subtiles, sucrées et salées, qui sont autant un plaisir pour l'œil que pour le palais.

Frédéric

Frédéric en quelques mots

Frédéric est membre de l'académie culinaire de France, officier de l'ordre national du mérite agricole et Vase de Sèvres du président de la République.

Styliste culinaire, il a travaillé dans les plus grands restaurants parisiens, mais aussi à l'étranger – à New York et Moscou notamment. Il possède un restaurant à Nantes, La Rumeur.

Ses sites :
http://www.f-jaunault.com ou
http://www.creasaveurs.com/

FRUITS ET LÉGUMES

Pour la confection des cocktails, je n'insisterai pas sur la nécessité de choisir des fruits et légumes de qualité. J'aime faire le marché : c'est en me promenant entre les étals, que les idées me viennent. Je privilégie les fruits et légumes de saison et j'adapte ma carte en fonction de mes trouvailles du jour.

Les critères de choix sont un peu différents dès qu'il s'agit de sculpture.

Choisissez des fruits et légumes à la peau ferme et sans imperfection, petites tavelures, taches ou moisissures. Des légumes et fruits pas trop mûrs se tailleront plus aisément, avec des découpes nettes.

Avant de les travailler, placez-les au réfrigérateur pour qu'ils restent durs et fermes.

Vous pouvez même les laisser tremper un peu dans de l'eau glacée. Puis lavez-les et essuyez-les avant de les prendre en main pour les tailler.

Pour la conservation des petites pièces, vous utiliserez un bac d'eau très froide dans lequel vous les plongerez dès réalisation et que vous placerez au réfrigérateur en attendant de les utiliser pour un décor.

Les grosses pièces seront vaporisées de fines gouttelettes d'eau, puis recouvertes d'un film alimentaire étirable et déposées au réfrigérateur.

Les chutes recueillies lors des découpes entreront souvent dans la composition de potage, de purée, de compote ou de sorbet pour éviter le gaspillage.

Avant de commencer une sculpture, pensez à fabriquer des glaçons ! Vous devez toujours travailler avec, auprès de vous, une bassine d'eau très froide.

MATÉRIEL

Avant de commencer, il vaut mieux préparer tout le matériel nécessaire au travail que vous projetez.

L'économe, le couteau d'office, la planche à découper, le presse-agrume et le bol mixer sont déjà dans votre cuisine.

Pour certains modèles, des outils particuliers sont indispensables : couteaux à lame recourbée, gouges, évidoirs, canneleurs, vide-pomme, emporte-pièce, cuillères à pomme parisiennes...

Ces outils sont disponibles dans les magasins spécialisés. Ceux que j'utilise dans ma pratique et dans ce livre sont fabriqués principalement par Tellier, entreprise dédiée depuis 1947 au matériel de cuisine pour les professionnels de la restauration, les traiteurs et tous les métiers de bouches, et notamment spécialiste reconnue de la sculpture des fruits et légumes. En outre, Tellier organise tous les ans des stages de sculpture sur fruits et légumes.

Je vous propose de consulter leur site Internet. La multiplicité des outils proposés est en soi une source d'inspiration inépuisable : poissons, cygne, papillon, ourson ou chevreuil, fleur de prunier, chrysanthème, orchidée ou feuille d'érable, étoile ou flocon de neige... C'est tout un bestiaire ou un paysage que vous pouvez poser au bord de vos cocktails ! Vous pourrez en outre vous tenir informé(e)s des dates des stages proposés et de l'adresse du revendeur le plus proche de chez vous.

Tellier SAS
ZI du Val d'Argent
21 rue Guy-Moquet
95100 Argenteuil
Web : www.tellier.fr/
Tél. : 01 34 11 38 38

Pochette complète d'outils

Couteaux et lames

Que vous soyez droitier(ère) ou gaucher(ère), la tenue d'un outil de sculpture est très important. Vous devez le tenir en main de manière confortable. Ainsi, vous fatiguerez moins votre poignet et vous éviterez les accidents.

01 **Couteau d'office.**
Couteau standard de cuisine, il permet d'éplucher fruits et légumes, et vous dépannera pour réaliser certaines sculptures.

02 **Couteaux thaï :**
ce sont des couteaux proches des outils traditionnels, mais ceux-ci sont faciles à utiliser pour les débutants. Le rouge sert à la sculpture de base, le jaune, doté d'une lame fine, souple et très courte, est réservé aux tailles de précision.

03 **Couteau thaï :**
modèle utilisé pour les sculptures de très haut niveau.

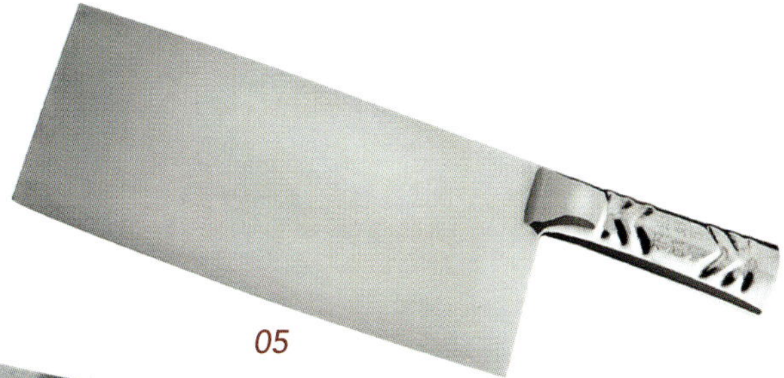

05

06

08

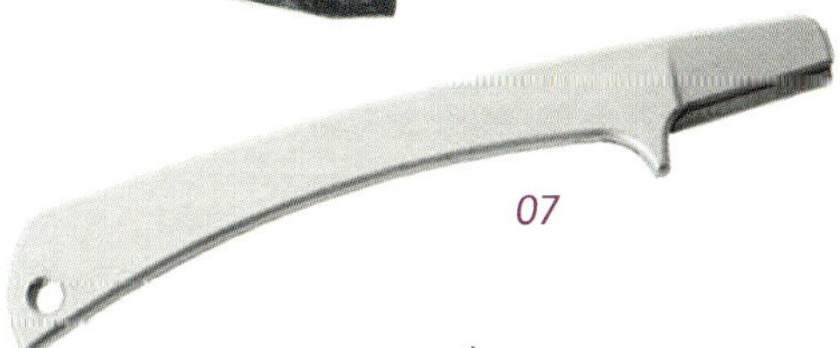

07

Un conseil

Incisez doucement en n'utilisant que le bout de la lame et en maintenant fermement le couteau dans votre main.

04 **Couteau-scie.**
Ce couteau, très pratique, ne s'aiguise jamais.

05 **Couteau droit :**
large couteau permettant de couper de fines tranches, régulières et droites ; il sert aussi dans la préparation de grosse sculpture (potirons…).

06 **Lames de découpe :**
elles se substituent au couteau thaï pour des découpes très précises.

07 **Aiguiseur**
08 **Pierre à aiguiser**

Un couteau mal affûté est une source d'accident et de blessure. Il vous pousse, en effet, à employer une force plus grande sur vos marques de fruits et légumes, ce qui augmente le risque de « déraper », donc de vous couper de façon plus ou moins plus profonde, plus ou moins franche. Il n'est donc pas inutile de souligner que, pour effectuer vos sculptures, vous devez utiliser des outils ou des couteaux très bien aiguisés. C'est une règle d'or !

Gouges

En fonction de la taille et de la forme donnée à leur bout tranchant, les gouges vous seront indispensables pour réaliser des rainures (gouges arrondies), des entailles en V (pour réaliser des dents de loup ou creuser des triangles à la surface de légumes à chair ferme, par exemple), graver des motifs, et réaliser les finitions (centres de pièce…).

09 **Gouges arrondies**
10 **Gouge à bord arrondi**
11 **Gouges à bord biseauté**
12 **Gouge à bord biseauté**
13 **Gouges doubles**
14 **Gouges striées**

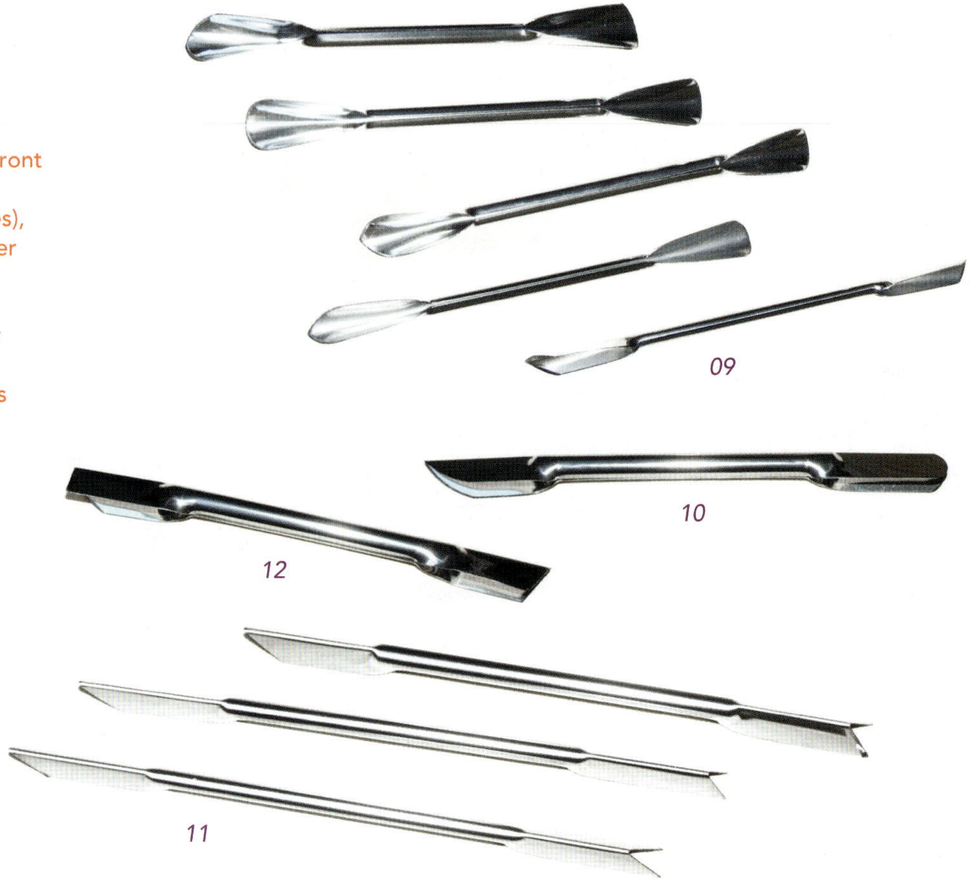

Cuillères à pomme

Elles permettent de confectionner de petites boules de chair de légume ou de fruit, bien rondes et régulières.

15 **Série de cuillères à pomme**

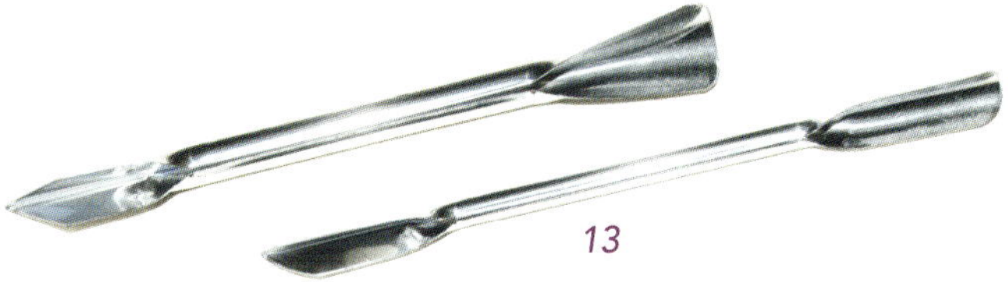

13

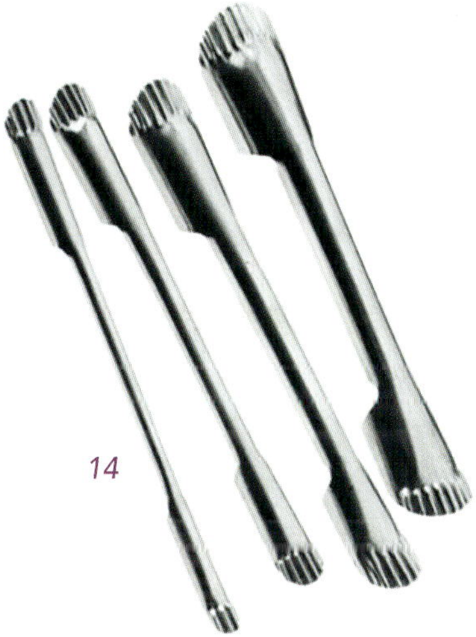

14

15

Emporte-pièce

Les emporte-pièce sont des classiques en cuisine ou en pâtisserie ; ils servent aussi en sculpture pour les dessins sur peau ou les découpes de fruits et de légumes. On parle aussi de découpoir.
Nous en utiliserons deux dans les pages suivantes. En voici quelques autres pour vous donner des idées.

16 **Emporte-pièce cannelé**
17 **Découpoirs marguerite**
18 **Découpoirs feuille courte**
19 **Découpoirs feuille droite**
20 **Découpoirs feuille longue**

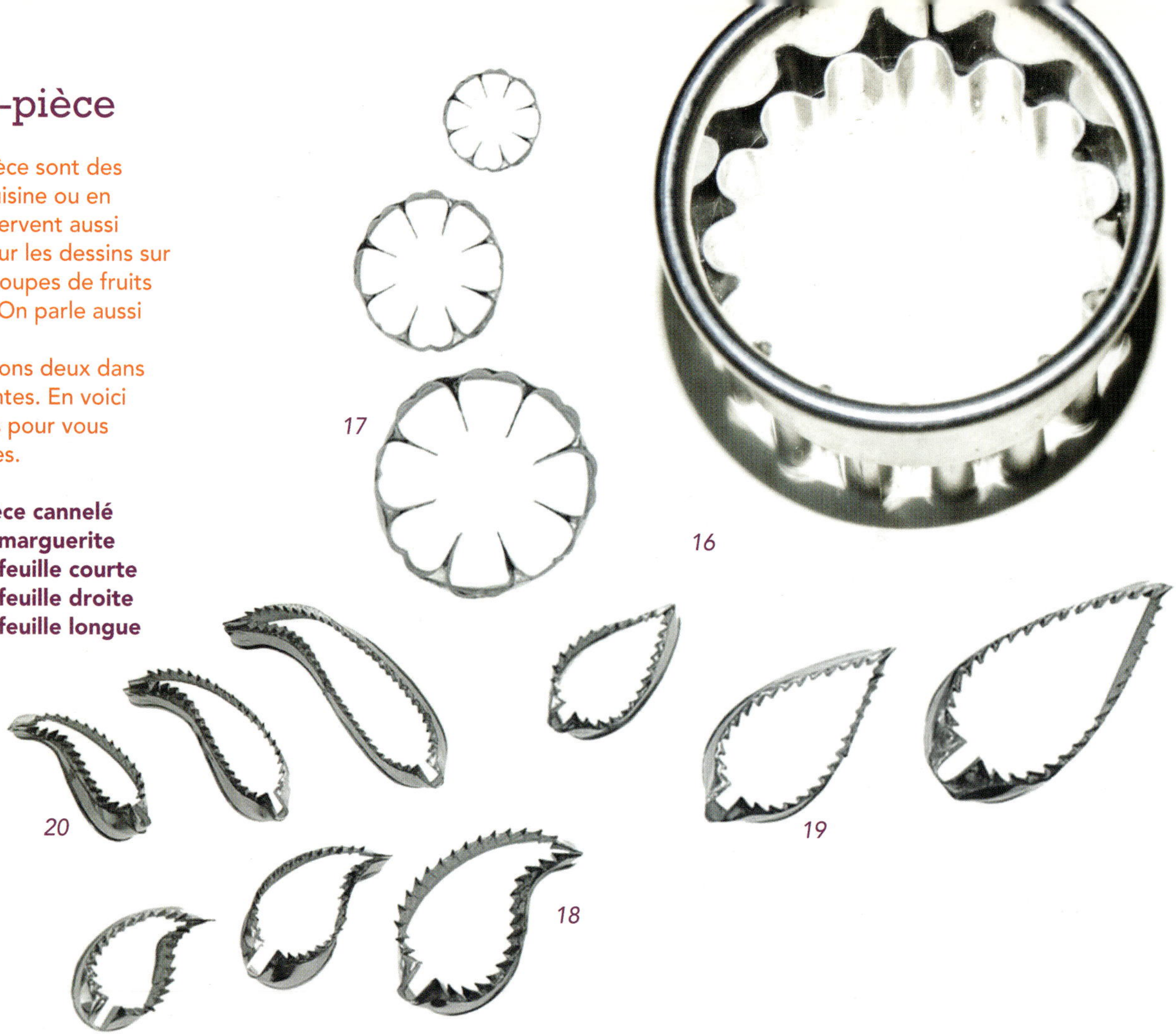

21

22

23

24

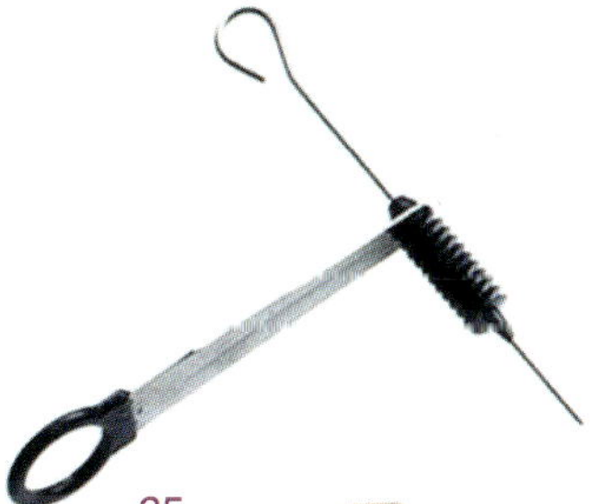

25

21 **Découpoir oiseau (ou hirondelle)**
22 **Découpoir cygne**
23 **Découpoir dauphin**
24 **Taille-crayon**
25 **Chaînette**

Il existe, je vous l'ai dit, de nombreux autres outils (grâce au taille-crayon, vous réaliserez une épluchure en forme de rose ou de fleur, la chaînette donne la possibilité d'obtenir facilement des chaînes en concombre ou en légume de cette forme, etc.).

Centrifugeuse et bol mixer

Rien de plus facile que d'obtenir un jus de légume ou de fruit avec une centrifugeuse !
En voici l'illustration avec une carotte.

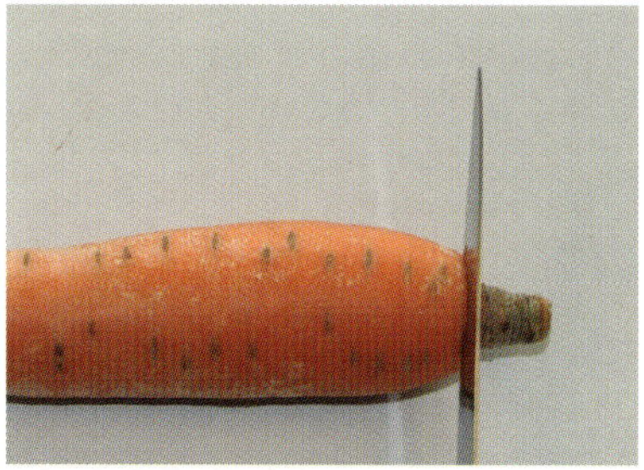

Lavez la carotte, coupez-en les extrémités.

Placez la carotte dans l'ouverture idoine de la centrifugeuse.

Enfoncez la carotte dans l'appareil – procédez avec douceur pour ne pas forcer la machine.

Le jus est extrait de manière concentrée.

Pour nettoyer le matériel, il suffit d'ôter le couvercle et de passer l'ensemble sous l'eau.

De la même façon, vous aurez besoin d'un bol mixer. En voici le pas à pas.

Incorporez les ingrédients entiers, épluchés si besoin.

Ajoutez le jus et mixez par petits à-coup.

Pour les décors dont je vous explique le pas à pas dans ce livre, j'ai utilisé :

- un couteau d'office,
- un économe,
- un couteau-scie,
- un couteau thaï,
- une cuillère à pomme,
- des gouges,
- un emporte-pièce en forme d'oiseau,
- un découpoir marguerite
- des pics cocktail en bois.

Fred en vidéo !
Notre star des fourneaux est de temps en temps l'invité des plateaux télé. Il a fait l'objet également d'une vidéo, réalisée par Joël Sentenac, qui est visible sur le site DailyMotion : http://www.dailymotion.com/video/x1uap0_reportage-sur-frederic-sculpteur

DES COCKTAILS

DE FRUITS ET LÉGUMES

01

LE JUS DE CAROTTE À LA FLEUR D'ORANGER

Pour 4 verres
de contenance 33 centilitres :

1 litre de jus de carotte frais,
2 cuillerées à soupe de miel de fleurs,
1 cuillerée à soupe d'eau de fleur d'oranger,
1 bol mixer,
1 dizaine de glaçons.

Progression :
Dans le bol mixer, incorporez le jus de carotte, le miel, les glaçons, l'eau de fleur d'oranger.
Faites attention à ce que toute la glace soit broyée et à ce que le jus soit bien émulsionné.
Servez frais dans un verre à cocktail.
Décorez ou givrez les verres si vous le désirez.

Remarque :
Attention ! Goûtez avant de servir. En fonction des marques, les produits sont plus ou moins forts.

02

LA ROSELINE DE TOMATE

Pour 4 verres
de contenance 33 centilitres :

1 litre de jus de tomate frais,
10 feuilles de menthe fraîche,
1 cuillerée à café d'eau de rose,
sel et poivre à convenance,
1 bol mixer,
1 dizaine de glaçons.

Progression :
Dans le bol mixer, incorporez le jus de tomate avec la menthe, les glaçons, l'eau de rose.
Faites attention à ce que toute la glace soit broyée et que le jus soit bien émulsionné.
Servez frais dans un verre à cocktail.
Décorez ou givrez les verres si vous le désirez.

Remarque :
Attention ! Goûtez avant de servir. En fonction des marques, les produits sont plus ou moins forts.

03

LA POMELINE AU DOUX CÉLERI

Pour 4 verres de contenance 33 centilitres :

1 litre de jus de pomme verte,
6 feuilles vertes de céleri branche hachées,
1 cuillerée de miel de thym,
1 bol mixer,
1 dizaine de glaçons.

Progression :
Dans le bol mixer, incorporez le jus de pomme avec le miel, le céleri haché, les glaçons.
Faites attention à ce que toute la glace soit broyée et que le jus soit bien émulsionné.
Servez frais dans un verre à cocktail.
Décorez ou givrez les verres si vous le désirez.

04

L'ÉMULSION DE FRAISE AU POIVRE DE SICHUAN

Pour 4 verres de contenance 33 centilitres :

1 kilo de fraises parfumées et mûres,
2 branches de menthe fraîche,
15 grains de poivre de Sichuan broyés,
50 centilitres de sirop blanc de sucre de canne,
1 bol mixer,
1 dizaine de glaçons.

Progression :
Mixez bien les fraises avec le sirop de sucre.
Ajoutez la menthe fraîche, le poivre et les glaçons. Mixez.
Faites attention à ce que toute la glace soit broyée et que le jus soit bien émulsionné.

Servez frais dans un verre à cocktail. Décorez ou givrez les verres si vous le désirez.

Remarque :
Le Sichuan est une province chinoise. Son « poivre » est issu d'un petit arbre épineux de la famille du frêne. Malgré son nom, il n'a rien à voir avec la famille du poivre, mais plutôt avec celle du citron (famille des rutacées). Seule la coque de la baie est très parfumée ; elle est utilisée séchée et moulue.

05

LE JUS DE POIRE À LA CIBOULETTE

Pour 4 verres
de contenance 33 centilitres :

1 litre de jus de poire,
1 botte de ciboulette,
1 bol mixer,
1 dizaine de glaçons.

Progression :
Coupez en deux les brins de ciboulette.
Dans le bol mixer, incorporez-les au jus de poire et aux glaçons.
Faites attention à ce que toute la glace soit broyée et que le jus soit bien émulsionné.
Servez frais dans un verre à cocktail.
Décorez ou givrez les verres si vous le désirez.

06

LA MANGUE À LA MENTHE FRAÎCHE

Pour 4 verres
de contenance 33 centilitres :

1 litre de jus de mangue,
3 branches de menthe fraîche,
1 bol mixer,
1 dizaine de glaçons.

Progression :
Dans le bol mixer, incorporez le jus de mangue, la menthe fraîche et les glaçons.
Faites attention à ce que toute la glace soit broyée et que le jus soit bien émulsionné.
Servez frais dans un verre à cocktail.
Décorez ou givrez les verres si vous le désirez.

07

LE CAROTTE PENDJAB

Pour 4 verres
de contenance 33 centilitres :

1 litre de jus de carotte frais,
2 cuillerées à soupe de miel de fleurs,
1 yaourt bulgare nature,
1 pincée d'épices tandoori,
1 pincée de curcuma,
1 bol mixer,
1 dizaine de glaçons.

Progression :
Dans le bol mixer, incorporez le jus de carotte, le miel, le yaourt, les glaçons et les épices.
Faites attention à ce que toute la glace soit broyée et que le jus soit bien émulsionné.
Servez frais dans un verre à cocktail.
Décorez ou givrez les verres si vous le désirez.

Remarque :
La cuisine « tandoori » est un héritage du nord de l'Inde, de la province du Pendjab plus précisément.
Le tandoori est un mélange d'épices : piment doux, paprika, ail, piment fort, thym, coriandre, sel, cumin, poivre noir, céleri, carvi, romarin, fenugrec, girofle, laurier, cannelle. Il est utilisé en cuisine sous forme d'une poudre fine, de couleur rouge-brun Bismarck.

08

LA POMME GINGEMBRE

Pour 4 verres
de contenance 33 centilitres :

1 litre de jus de raisin rouge,
1 yaourt bulgare nature,
1 cuillerée de coriandre fraîche hachée,
1 bol mixer,
1 dizaine de glaçons.

Progression :
Dans le bol mixer, incorporez le jus de raisin, le yaourt, la coriandre hachée et les glaçons.
Faites attention à ce que toute la glace soit broyée et que le jus soit bien émulsionné.
Servez frais dans un verre à cocktail. Décorez ou givrez les verres si vous le désirez.

09

LA YAOURTINE DE RAISIN

Pour 4 verres de contenance 33 centilitres :

1 litre de jus de raisin rouge,
1 yaourt bulgare nature,
1 cuillerée de coriandre fraîche hachée,
1 bol mixer,
1 dizaine de glaçons.

Progression :

Dans le bol mixer, incorporez le jus de raisin, le yaourt, la coriandre hachée et les glaçons.

Faites attention à ce que toute la glace soit broyée et que le jus soit bien émulsionné.

Servez frais dans un verre à cocktail.

Décorez ou givrez les verres si vous le désirez.

10

LA MANDARINE À L'ANETH

Pour 4 verres
de contenance 33 centilitres :

1 litre de jus de mandarine,
1 cuillerée d'aneth fraîche hachée,
8 centilitres de sirop d'érable,
1 bol mixer,
1 dizaine de glaçons.

Progression :
Dans le bol mixer, incorporez le jus de mandarine, l'aneth, le sirop d'érable et les glaçons.
Faites attention à ce que toute la glace soit broyée et que le jus soit bien émulsionné.
Servez frais dans un verre à cocktail.
Décorez ou givrez les verres si vous le désirez.

11

LE PAMELA ROSE

Pour 4 verres
de contenance 33 centilitres :

1 demi-litre de jus de pomelos rose,
1 demi-litre de jus de tomate frais,
1 cuillerée à soupe de céleri frais haché,
1 bol mixer,
1 dizaine de glaçons.

Progression :
Dans le bol mixer, incorporez les jus de pomelos rose et de tomate frais, le céleri et les glaçons.
Faites attention à ce que toute la glace soit broyée et que le jus soit bien émulsionné.
Servez frais dans un verre à cocktail.
Décorez ou givrez les verres si vous le désirez.

12

L'ANANAS CORIANDRE

Pour 4 verres de contenance 33 centilitres :

1 litre de jus d'ananas,
2 cuillerées à soupe de coriandre fraîche hachée,
5 centilitres de lait de coco,
1 bol mixer,
1 dizaine de glaçons.

Progression :
Dans le bol mixer, incorporez le jus d'ananas, la coriandre, le lait de coco et les glaçons.
Faites attention à ce que toute la glace soit broyée et que le jus soit bien émulsionné.
Servez frais dans un verre à cocktail.
Décorez ou givrez les verres si vous le désirez.

13

L'ORANGINE AU DOUX KAKI

Pour 4 verres de contenance 33 centilitres :

3/4 de litre de jus d'orange sanguine,
1/4 de litre de purée de kakis,
6 feuilles de menthe fraîche,
1 bol mixer,
1 dizaine de glaçons.

Progression :
Dans le bol mixer, incorporez le jus d'orange, la purée de kakis, la menthe fraîche et les glaçons.
Faites attention à ce que toute la glace soit broyée et que le jus soit bien émulsionné.
Servez frais dans un verre à cocktail.
Décorez ou givrez les verres si vous le désirez.

Remarque :
Le kaki, ou fruit du plaqueminier, est un gros fruit pouvant atteindre 10 centimètres de diamètre, de couleur orange à rouge selon les variétés. La plupart des kakis se consomment lorsqu'ils sont pratiquement blets et que leur chair est onctueuse. La pulpe est alors juteuse et sucrée.
La purée de kakis se prépare, à la centrifugeuse, à la dernière minute.

14

LE JUS DE PASSION AU PRESSÉ D'HERBES

Pour 4 verres de contenance 33 centilitres :

1 litre de jus de fruit de la passion,
1 yaourt bulgare nature,
3 feuilles de menthe fraîche,
3 feuilles de basilic,
3 feuilles de coriandre,
1 brin de persil,
1 cuillerée à café de ciboulette,
1 bol mixer,
1 dizaine de glaçons.

Progression :

Hachez les herbes.
Dans le bol mixer, incorporez le jus de fruit de la passion, les herbes hachées et les glaçons.
Faites attention à ce que toute la glace soit broyée et que le jus soit bien émulsionné.
Servez frais dans un verre à cocktail.
Décorez ou givrez les verres si vous le désirez.

15

L'ABRICOT ABSOLU

Pour 4 verres de contenance 33 centilitres :

3/4 de litre de jus d'abricot,
1/4 de litre de jus d'orange frais,
1 botte de ciboulette,
1 bol mixer,
1 dizaine de glaçons.

Progression :
Hachez l'équivalent d'une cuillerée à café de ciboulette.
Dans le bol mixer, incorporez les jus, la ciboulette fraîchement hachée et les glaçons.
Faites attention à ce que toute la glace soit broyée et que le jus soit bien émulsionné.
Servez frais dans un verre à cocktail.
Décorez ou givrez les verres si vous le désirez.

16

LE BANANE COCOMIEL

Pour 4 verres
de contenance 33 centilitres :

1/2 litre de lait de coco,
2 bananes mûres,
1 cuillerée à café de miel,
1 bol mixer,
1 dizaine de glaçons.

Progression :
Dans le bol mixer, incorporez le lait de coco, les bananes, le miel et les glaçons.
Faites attention à ce que toute la glace soit broyée et que le jus soit bien émulsionné.
Servez frais dans un verre à cocktail.
Décorez ou givrez les verres si vous le désirez.

17

LE JUS DE PÊCHE BLANCHE AU BASILIC

Pour 4 verres de contenance 33 centilitres :

1 litre de jus de pêche blanche, quelques feuilles de basilic,
1 citron vert,
1 bol mixer,
1 dizaine de glaçons.

Progression :
Hachez l'équivalent d'une cuillerée à café de basilic.
Pressez 1 demi-citron vert et recueillez-en le jus.
Dans le bol mixer, incorporez les jus, le basilic fraîchement haché et les glaçons.
Faites attention à ce que toute la glace soit broyée et que le jus soit bien émulsionné.
Servez frais dans un verre à cocktail.
Décorez ou givrez les verres si vous le désirez.

18

L'ÉMULSION DE POMME À LA MANGUE

Pour 4 verres de contenance 33 centilitres :

3/4 de litre de jus de pomme jaune,
1/4 de litre de jus de mangue,
1 yaourt bulgare nature,
1 citron vert,
1 cuillerée à soupe de miel,
1 bol mixer,
1 dizaine de glaçons.

Progression :

Pressez 1 demi-citron vert et recueillez-en le jus.
Dans le bol mixer, incorporez les jus, le miel, le yaourt et les glaçons.
Faites attention à ce que toute la glace soit broyée et que le jus soit bien émulsionné.
Servez frais dans un verre à cocktail.
Décorez ou givrez les verres si vous le désirez.

19

LE COULEUR D'AUTOMNE

Pour 4 verres
de contenance 33 centilitres :

1/2 de litre de jus de pruneau,
1/4 de litre de grenade,
1/4 de litre de jus de raisin blanc,
1 bol mixer,
1 dizaine de glaçons.

Progression :
Dans le bol mixer, incorporez les jus et les glaçons.
Faites attention à ce que toute la glace soit broyée et que le jus soit bien émulsionné.
Servez frais dans un verre à cocktail.
Décorez ou givrez les verres si vous le désirez.

20

LE LUNE DE MIEL

Pour 4 verres de contenance 33 centilitres :

1 litre de jus de pomme verte,
125 grammes de framboises fraîches,
1 citron vert,
1 cuillerée à soupe de miel,
1 bol mixer,
1 dizaine de glaçons.

Progression :
Pressez 1 demi-citron vert et recueillez-en le jus.
Dans le bol mixer, incorporez les jus, les framboises, le miel et les glaçons.
Faites attention à ce que toute la glace soit broyée et que le jus soit bien émulsionné.

21

LE BANANA SMOOTHIE

Pour 4 verres de contenance 33 centilitres :

3/4 de litre de jus d'orange,
2 bananes mûres,
1 yaourt bulgare nature,
1 cuillerée à soupe de miel,
de l'extrait naturel de vanille liquide,
1 bol mixer,
1 dizaine de glaçons.

Progression :

Dans le bol mixer, incorporez le jus d'orange, les bananes, le miel, quelques gouttes d'extrait de vanille (quantité en fonction de votre goût) et les glaçons.

Faites attention à ce que toute la glace soit broyée et que le jus soit bien émulsionné.

Servez frais dans un verre à cocktail.

Décorez ou givrez les verres si vous le désirez.

Remarque :

Le « smoothie », boisson qui nous arrive des États-Unis, est une boisson mixée à base de fruits ou de pulpe de fruit. Des variantes existent aussi avec du lait, du chocolat, du thé vert et même des légumes.

Mixer de la pulpe de fruit avec des glaçons permet d'obtenir une boisson mousseuse, proche du milk-shake par la consistance.

22

LE CARAÏBE

Pour 4 verres
de contenance 33 centilitres :

3/4 de litre de jus de goyave,
125 grammes de framboises,
1 citron vert,
1 pincée de gingembre en poudre,
1 bol mixer,
1 dizaine de glaçons.

Progression :

Pressez 1 demi-citron vert et recueillez-en le jus.
Dans le bol mixer, incorporez les jus, les framboises, le gingembre et les glaçons.
Faites attention à ce que toute la glace soit broyée et que le jus soit bien émulsionné.
Servez frais dans un verre à cocktail.
Décorez ou givrez les verres si vous le désirez.

23

LE POMPOM GIRL

Pour 4 verres de contenance 33 centilitres :

1/2 de litre de jus de carotte,
1/2 de litre de jus de pomme,
du sirop de grenadine,
1 citron vert,
1 bol mixer,
1 dizaine de glaçons.

Progression :

Pressez 1 demi-citron vert et recueillez-en le jus.

Dans le bol mixer, incorporez les jus, 1 trait de sirop de grenadine et les glaçons.

Faites attention à ce que toute la glace soit broyée et que le jus soit bien émulsionné.

Servez frais dans un verre à cocktail.

Décorez ou givrez les verres si vous le désirez.

24

LE MAHARAJA

Pour 4 verres
de contenance 33 centilitres :

3/4 de litre de thé,
1/4 de litre de jus de pêche blanche,
1 branche de menthe,
1 bol mixer,
1 dizaine de glaçons.

Progression :
Préparez 3/4 de litre de thé avec un Ceylan ou un Darjeeling pas très amer et plutôt fruité. Laissez refroidir.
Dans le bol mixer, incorporez le thé, le jus de pêche blanche et les glaçons.
Faites attention à ce que toute la glace soit broyée et que le jus soit bien émulsionné.
Servez frais dans un verre à cocktail.
Plongez-y 2 à 3 feuilles de menthe par verre et mélangez bien.
Décorez ou givrez les verres si vous le désirez.

25

LE DOUCEUR DE MELON À LA VANILLE

Pour 4 verres
de contenance 33 centilitres :

1 litre de jus de melon,
1 yaourt nature,
1 cuillerée à soupe de miel de sapin,
1 flacon d'extrait naturel de vanille liquide,
1 pincée de poivre vert en poudre,
1 branche de menthe poivrée,
1 bol mixer,
1 dizaine de glaçons.

Progression :
Dans le bol mixer, incorporez le jus, le yaourt, le miel, le poivre, 3 centilitres d'extrait naturel de vanille et les glaçons.
Faites attention à ce que toute la glace soit broyée et que le jus soit bien émulsionné.
Servez frais dans un verre à cocktail.
Plongez-y 2 à 3 feuilles de menthe par verre et mélangez bien.
Décorez ou givrez les verres si vous le désirez.

26

LE PEGGY'S FOLIES

Pour 4 verres
de contenance 33 centilitres :

6 mangues mûres,
50 centilitres de lait,
50 centilitres de yaourt nature,
2 cuillerées à café de miel,
1 cuillerée à café de cannelle moulue,
1 cuillerée à café de cardamome moulue.

Progression :

Passez les mangues, le miel, le yaourt, la cannelle, la cardamome et le lait au bol mixer, jusqu'à obtention d'un mélange homogène.

Servez frais.

27

LE GRANITÉ À LA PASTÈQUE ET À L'EAU DE ROSE

Pour 4 verres de contenance 33 centilitres :

1 litre de limonade,
6 tasses de pastèque hachée,
2 cuillerées à café d'eau de rose,
2 cuillerées à café de jus de citron.

Progression :
Passez la pastèque au mixer. Mélangez-la à l'eau de rose, au jus de citron et à la limonade ; placez le mélange obtenu au congélateur jusqu'à ce que les bords se solidifient. Repassez au mixer jusqu'à parvenir à la consistance de la neige fondue. Servez dans de gros verres.

28

LE GROG À LA SAUGE ET À LA POMME-CANNELLE

Pour 4 verres de contenance 33 centilitres :

12 centilitres de whisky,
8 tranches de pomme séchée,
4 feuilles de sauge,
4 bâtons de cannelle,
4 cuillerées à café de miel,
eau bouillante.

Progression :

Dans chaque verre, placez 2 tranches de pomme, ajoutez une feuille de sauge, le bâton de cannelle, et une cuillerée à café de miel.

Répartissez le whisky et remplissez les verres aux trois quarts d'eau bouillante.

Servez chaud.

29

LA CITRONNADE À L'ANCIENNE

Pour 4 verres de contenance 33 centilitres :

8 citrons jaunes,
8 citrons verts,
300 g de sucre,
12,5 cl d'eau bouillante,
quelques glaçons.

Progression :

Coupez 15 citrons en deux et pressez-en le jus.
Versez le jus avec la pulpe dans un grand récipient non métallique.
Ajoutez le sucre et l'eau bouillante.
Remuez jusqu'à dissolution du sucre.
Complétez avec 1,3 litre d'eau bien froide. Remuez le tout.
Coupez en rondelles le citron restant.
Transférez dans un pichet. Ajoutez des glaçons et garnissez de rondelles de citron.

30

LE GRANITÉ DE PAPAYE AU SORBET DE CITRON VERT

Pour 4 verres de contenance 33 centilitres :

600 g de papaye,
2 citrons verts,
1 litre de sorbet au citron vert,
une dizaine de glaçons.

Progression :

Pelez et hachez la papaye.

Pressez un citron et recueillez-en l'équivalent de quatre cuillerées à café de jus.

Découpez le second citron en rondelles.

Pour la glace pilée, si vous n'avez pas de machine spécifique, placez les glaçons dans un torchon et donnez des coups secs sur la table ou le sol…

Passez la papaye, le jus de citron vert, 8 boules de sorbet et la glace pilée au mixer.

Versez le tout dans les verres, ajoutez un zeste de citron par verre.

Servez.

31

LE CIDRE AU KIWI

Pour 4 verres
de contenance 33 centilitres :

1,5 litre de cidre,
4 kiwis,
2 citrons verts.

Progression :
Pelez les kiwis, émincez-les finement et répartissez-les dans les verres.
Pressez les citrons et recueillez-en le jus.
Mélangez le jus de citron vert et le cidre.
Versez sur les kiwis. Servez de suite.

Remarque :
Pour éviter l'absorption d'alcool, remplacez le cidre par un jus de pomme.

32

LE LAIT GLACÉ FRAMBOISE-MYRTILLE

Pour 4 verres de contenance 33 centilitres :

1 litre de lait entier,
400 g de framboises,
400 g de myrtilles.

Progression :

Déposez les verres au congélateur.
Mixez les fruits rouges jusqu'à obtention d'un coulis onctueux.
Prélevez 6 centilitres de coulis, que vous versez en spirale dans les verres glacés. Remettez-les rapidement au congélateur.
Ajoutez le lait au reste de coulis et mixez le tout.
Versez cette préparation dans les verres et servez de suite.

33

LE VIN CHAUD ÉPICÉ

*Pour 4 verres
de contenance 33 centilitres :*

**75 centilitres de vin rouge,
1 orange,
2 citrons jaunes
12 clous de girofle,
40 g de cassonade,
1 noix de muscade entière
3 bâtons de cannelle.**

Progression :
Émincez les 2 citrons.
Râpez la noix de muscade.
Piquez les clous de girofle dans l'orange.
Dans une casserole, placez l'orange, le sucre, la muscade, la cannelle, le citron. Versez 50 cl d'eau.
Remuez à feu doux jusqu'à ébullition.
Laissez cuire 15 minutes, puis ajoutez le vin chaud.
Servez chaud (après avoir filtré le jus, ou non).

34

LE JUS DE MELON ET DE POIRE À LA MENTHE

Pour 4 verres de contenance 25 centilitres :

1 gros melon bien mûr et sucré, de type Cantalou ou charentais,
6 poires,
quelques feuilles de menthe fraîche.

Progression :

Pelez et épépinez les poires.
Pelez et hachez le melon jusqu'à en remplir l'équivalent de 4 tasses.
Passez le melon, les poires et les feuilles de menthe dans une centrifugeuse.
Servez tel quel, avec ou sans glace pilée.

35

LE FRAPPÉ EXOTIQUE

Pour 4 verres
de contenance 12 centilitres :

1 melon bien mûr et sucré, de type Cantalou,
1 banane,
1 papaye,
1 petit ananas,
1 mangue,
25 centilitres de jus d'ananas,
quelques glaçons.

Progression :
Coupez en dés l'équivalent d'une tasse de melon, de papaye et d'ananas.
Passez le melon, la banane, la papaye, l'ananas et la mangue au mixer, jusqu'à obtention d'un mélange homogène.
Pilez la glace : si vous n'avez pas de machine spécifique, placez les glaçons dans un torchon et donnez des coups secs sur la table ou le sol…
Ajoutez à votre mélange de fruits mixés le jus d'ananas et la glace pilée. Mixez à nouveau jusqu'à ce que le frappé soit épais et la glace bien broyée.

36

LE LAIT MOUSSEUX À LA VANILLE ET AUX AMANDES

Pour 4 verres de contenance 25 centilitres :

1 litre de lait,
2 gousses de vanille fendue,
160 g d'amandes grillées,
2 cuillerées à soupe de sirop d'érable,
2 cuillerées à café d'essence d'amande.

Progression :

Déposez les gousses de vanille avec le lait dans une casserole et chauffez le tout. Hors du feu, laissez infuser. Filtrez le lait, retirez la gousse.

Mixez le lait, les amandes, le sirop et l'essence jusqu'à obtention d'un mélange très onctueux et mous-seux.

Servez tiède ou froid.

37

LE GRANITÉ AUX AGRUMES

Pour 4 verres de contenance 20 centilitres :

12 oranges navel,
1 citron vert,
du sucre,
quelques glaçons.

Progression :

Pressez le citron et recueillez-en le jus.
Réservez son zeste.
Séparez les quartiers de 2 oranges.
Pressez les oranges restantes. Passez leur jus en conservant un peu de pulpe.
Pilez la glace : si vous n'avez pas de machine spécifique, placez les glaçons dans un torchon et donnez des coups secs sur la table ou le sol…
Mixez le zeste, les quartiers d'orange, le jus de citron vert, le jus d'orange, la pulpe, la glace pilée et le sucre (que vous versez en fonction de votre goût).
Servez frais, limite granité.

38

LE CIDRE AU MIDORI ET AUX BOULES DE MELON

Pour 4 verres de contenance 25 centilitres :

1 petit melon d'Espagne,
75 centilitres de cidre bien froid
20 centilitres de Midori.

Progression :

À l'aide d'une cuillère à pomme, prélevez dans le melon de petites boules. Déposez-les au frais, voire au congélateur (si vous préparez ce cocktail à la dernière minute).
Répartissez le Midori et le cidre dans 4 verres. Ajoutez dedans les boules de melon durcies.

Remarque :

Le Midori est une liqueur verte sucrée à base de melon au miel, fabriquée par la compagnie japo-naise Suntory et produite au Mexique.

Attention !
c'est une boisson forte (23°).

39 L'ESSENTIEL

Pour 4 verres
de contenance 25 centilitres :

75 centilitres de jus d'ananas,
12 centilitres de crème de coco,
1 petit ananas,
500 g de litchis en boîte,
2 cuillerées à soupe de feuille de menthe verte,
2 tasses d'ananas coupé en dés,
quelques glaçons.

Progression :
Coupez en dés l'équivalent d'une tasse d'ananas.
Passez le jus d'ananas, les litchis, leur jus, la menthe et l'ananas au mixer jusqu'à obtention d'un mélange homogène.
Pilez la glace : si vous n'avez pas de machine spécifique, placez les glaçons dans un torchon et donnez des coups secs sur la table ou le sol...
Ajoutez dans le bol mixer, la crème de coco et la glace pilée. Mixez à nouveau.
Servez de suite et très frais

40

LE JOJOCERISE REVITALISANT

Pour 4 verres
de contenance 10 centilitres :

2 betteraves fraîches crues,
12 carottes,
1 morceau de gingembre frais
de 6 centimètres.

Progression :
Pelez la betterave, les carottes
et le gingembre.
Passez séparément les ingrédients
à la centrifugeuse.
Mélangez et servez frais.

DES SCULPTURES

DE FRUITS ET LÉGUMES POUR DÉCORER VOS COCKTAILS

01 L'HIRONDELLE

01
Une carotte.
Un couteau-scie, un économe, un emporte-pièce en forme d'oiseau.

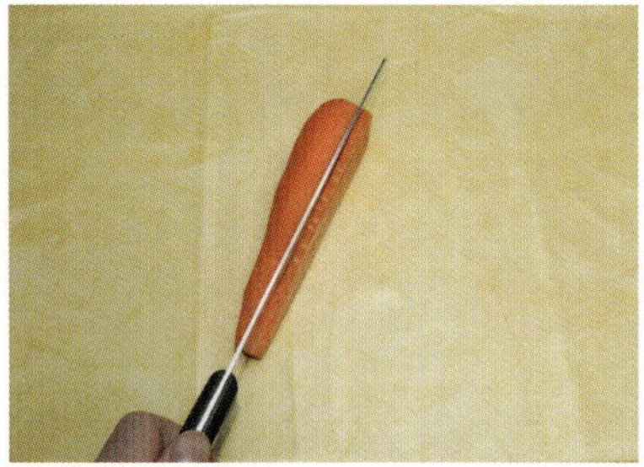

02
Épluchez la carotte avec l'économe.

Avec le couteau-scie, coupez une tranche régulière de 5 mm d'épaisseur.

03
Dans cette tranche, découpez le motif avec l'emporte-pièce.

04

Incisez légèrement l'oiseau pour
le faire tenir sur le bord du verre

02

LA FEUILLINE

01
Une grosse carotte.
Un couteau thaï.

02
Coupez une tranche régulière de 5 mm d'épaisseur, coupez-en les extrémités pour obtenir à peu près un rectangle.
Dans ce rectangle, découpez une forme de feuille.

03
En commençant par le haut, dentelez la feuille en pratiquant des entailles légèrement arrondies.

04

Ajourez la feuille, en soulignant les dentelures du contour, par de minces entailles délicates, comme pour en dégager les nervures.

Attention ! Ne découpez pas trop le bas, car vous devez y pratiquer une fente pour faire tenir la feuille droit sur le verre.

En la conservant dans de l'eau froide, la carotte se vrille un peu, ce qui ajoute encore à son apparence de feuille.

Déposez ce décor sur un verre haut ou large, car il prendra tout son relief auprès d'un joli volume.

03

UNE PETITE FLEUR ROUGE

01
Une tomate cerise, une pomme.
Un couteau thaï, une cuillère à pomme, un pic cocktail en bois.

02
Faites six incisions régulières sur le dessus de la tomate.

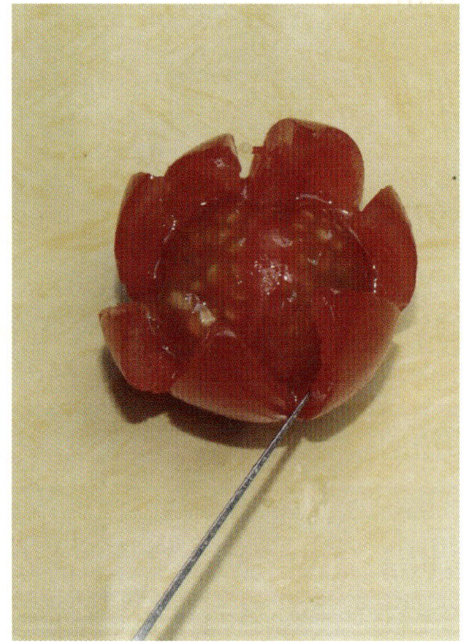

03
En suivant les incisions, coupez la chair jusqu'à la base de la tomate.

04
Évidez l'intérieur de la tomate, puis rincez la peau à l'eau froide.

05
Dans un quartier de pomme, prélevez une boule de chair à l'aide d'une cuillère à pomme.

06
Transpercez le cœur de la fleur avec le pic, avant d'enfoncer dessus la boule de pomme pour réaliser le centre de la fleur.

04

LA COURTE FLEURETTE

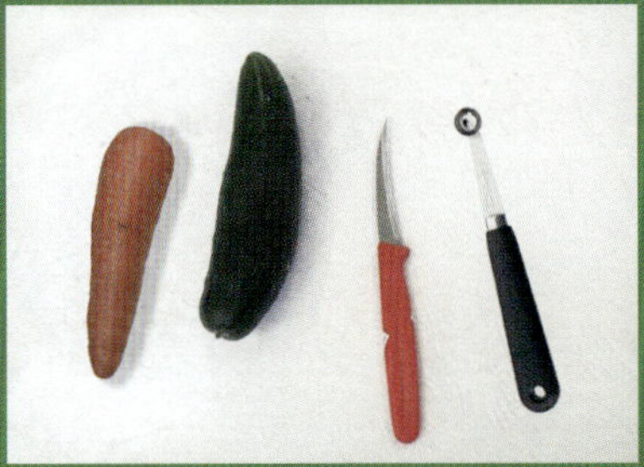

01

Un concombre ferme,
pas trop mûr et sans tache,
une carotte.
Un couteau thaï,
une cuillère à pomme,
un pic cocktail en bois.

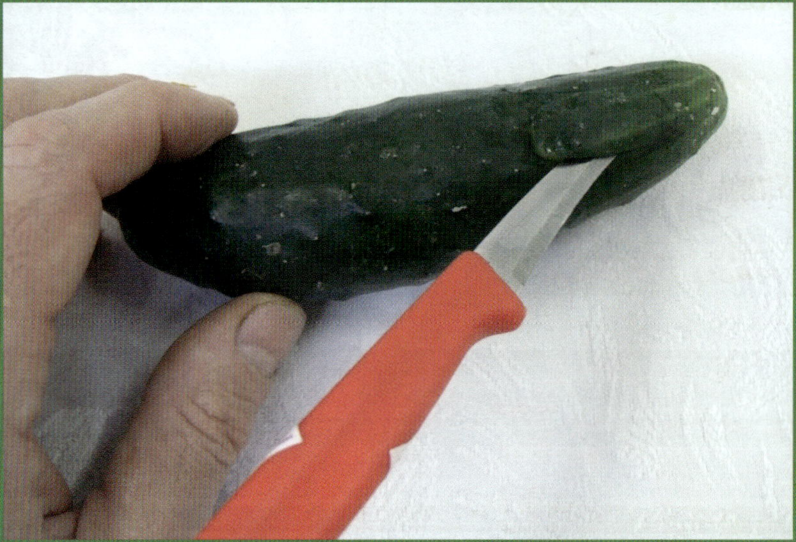

02

À une extrémité du concombre,
dessinez en incisant la peau
du légume, de larges pétales,
réguliers et arrondis.

03

Glissez le couteau dans la chair en suivant ces incisions pour « décoller » les pétales.

04

En tenant l'extrémité du concombre que vous avez taillée, tournez avec précaution l'autre partie du légume pour la détacher.

05

À ce stade de la taille, rectifiez les éventuelles imperfections visibles dans le dessin des pétales.

06
Enlevez l'excédent de chair à l'intérieur de la fleur, le plus régulièrement possible.

07
Épluchez une carotte et prélevez dans sa chair, avec une cuillère à pomme, une boule bien ronde. Disposez-la à l'intérieur de la fleur en la maintenant avec un pic en bois, qui servira de support à votre décor.

Comment faire tenir un décor de cocktail sur le bord d'un verre ?

Voici un truc.
Vous avez besoin de :
Une cuillère à pomme.
Un morceau de pomme bien charnue.
Un pic cocktail en bois.

01
Prélevez à la cuillère à pomme une boule de chair bien ronde.

02
Transpercez-la du pic cocktail
en bois : vous ficherez le pic
dans votre décor pour l'accrocher
à la boule de pomme.

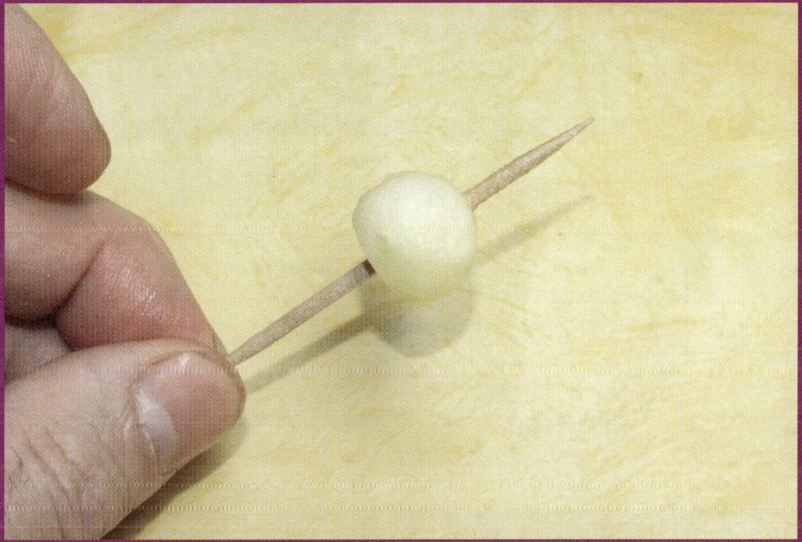

03
Taillez une encoche dans
cette dernière pour la faire tenir
sur le bord du verre.

05

LE CŒUR EN ÉCORCE D'AGRUME

01
Une orange mûre de belle couleur. Un couteau thaï, un pic en bois et, éventuellement, une petite boule de pomme, pour faire tenir la forme sur le verre.

02
Au couteau thaï, incisez la peau en dessinant une grosse amande.

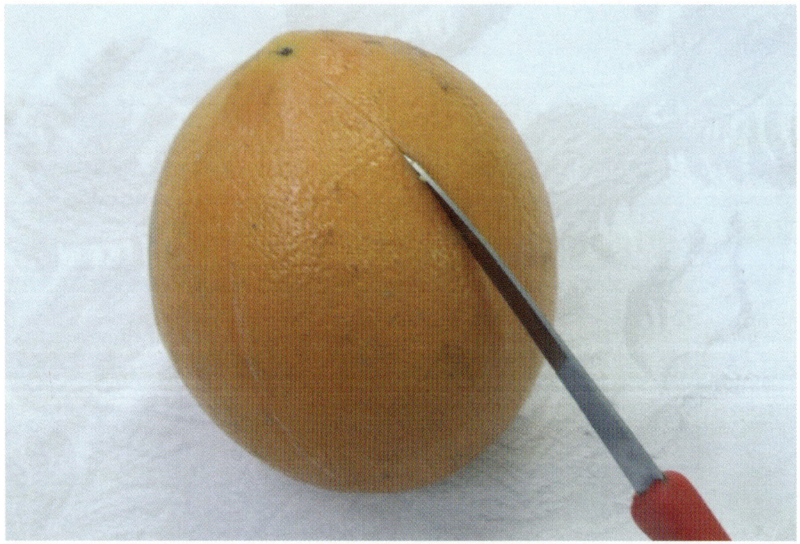

03
Avec le pouce, décollez délicatement la peau et retirez la forme que vous avez dessinée sur le fruit.

04

Retirez la pellicule blanche sous la peau avec votre couteau.

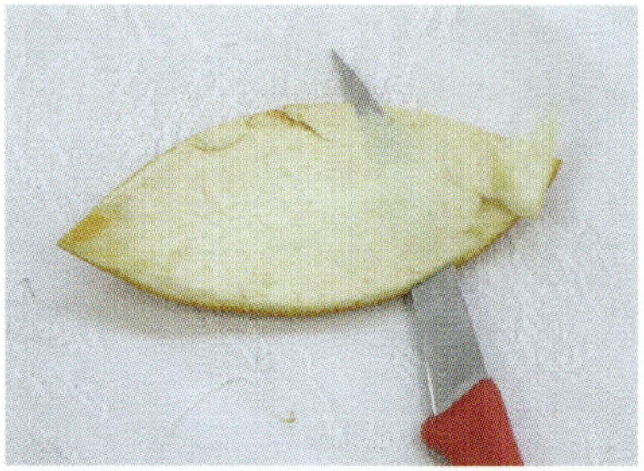

05

Avec la pointe du couteau, faites une entaille en forme d'amande, à l'intérieur de la précédente, en suivant bien le contour de celle-ci.

Attention ! Ne coupez pas l'extrémité de votre forme.

06

Relevez la découpe afin d'en marquer le pli à sa base.

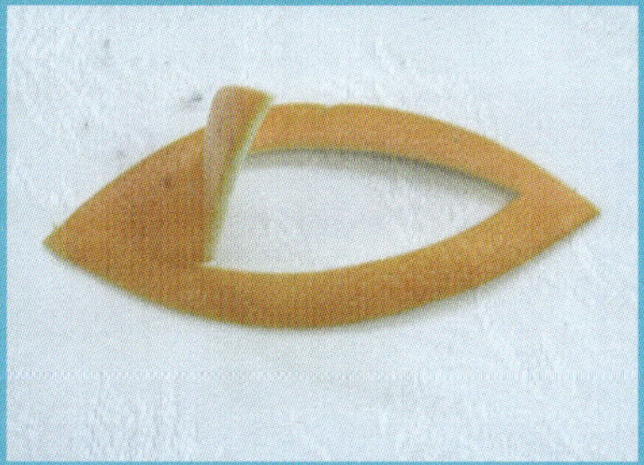

07

Répétez l'opération précédente, en pratiquant une nouvelle entaille parallèle à l'intérieur de la deuxième. Relevez le petit morceau de peau en marquant le pli à sa base.

08
Votre découpe entre le pouce et l'index, repliez sur lui-même le morceau de peau extérieur (le plus grand).

09
Fichez un pic cocktail en bois pour faire tenir votre « cœur » en écorce et pouvoir le poser sur le bord d'un verre (éventuellement, ajoutez un peu de pomme, découpé en boule à la cuillère à pomme).

06 LE ROULEAU EN ÉCORCE D'AGRUME

01
Un pomelos mûr et sans taches.
Un couteau thaï ou un cutter à lame scalpel (photo de droite).
Un morceau de pomme, un pic cocktail en bois et une cuillère à pomme.

02
Incisez la peau en en dessinant une grosse amande.

03
Avec le pouce, décollez délicatement la peau et retirez la forme que vous avez dessinée sur le fruit. Comme pour le décor précédent, retirez le surplus de pellicule blanche sous la peau.

04
Avec la pointe du couteau, faites une entaille en forme d'amande, à l'intérieur de la précédente, en suivant bien le contour de celle-ci. Attention ! Ne coupez pas les deux extrémités de votre forme.

05
Ajourez le centre de cette forme en amande comme sur la photo : les deux triangles de peau arrondis que vous ôtez doivent laisser deux petites feuilles les plus semblables possibles.

06

Relevez les petits morceaux de peau centraux en en marquant le pli à la base. Courbez votre motif en en amenant les pointes l'une sur l'autre.

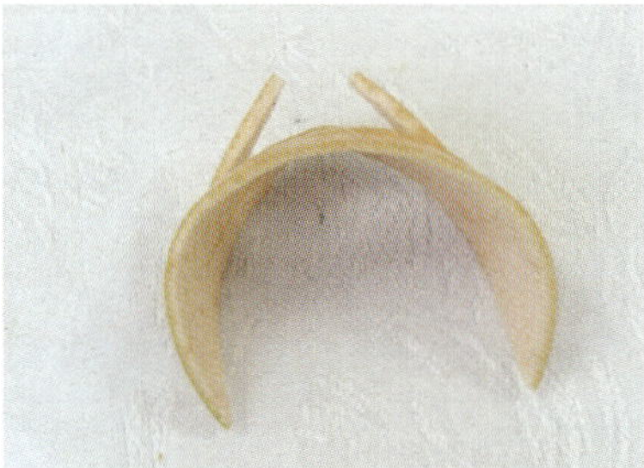

07

Fixez-les avec un pic cocktail en bois.

08

Du bout du doigt, séparez délicatement les lamelles entre elles et fixez votre décor sur une boule de pomme prélevée sur un fruit avec une cuillère à pomme (voir page 74).

Faites preuve d'imagination ! Changez de type d'agrume en fonction de la taille du verre ou de la couleur du cocktail : par exemple, je vous ai indiqué comment réaliser cette roulade avec un pamplemousse, mais le cocktail aux herbes ci-contre avait besoin d'une pointe de couleur plus soutenue, aussi l'ai-je décoré avec un morceau d'écorce d'orange.

07

LE BOUQUET EN ÉCORCE D'AGRUME

01

Un pomelos mûr et sans taches.
Un couteau thaï ou un cutter à lame scalpel (photo 02).
Un morceau de pomme, un pic cocktail en bois et une cuillère à pomme.

02

Incisez la peau en y dessinant une grosse amande.

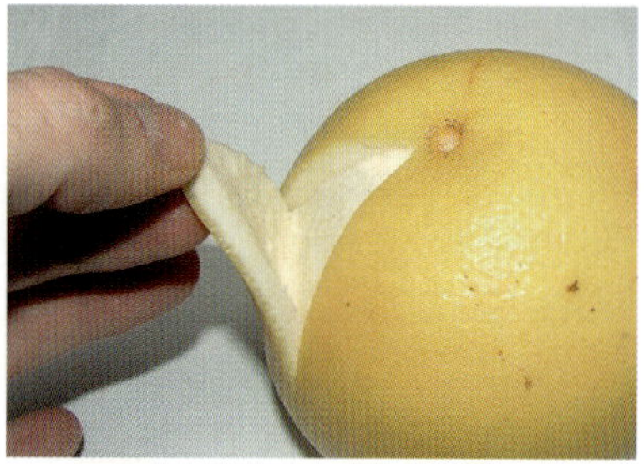

03

Avec le pouce, décollez délicatement la peau et retirez la forme que vous avez dessinée sur le fruit. Comme pour les décors précédents, retirez le surplus de pellicule blanche sous la peau.

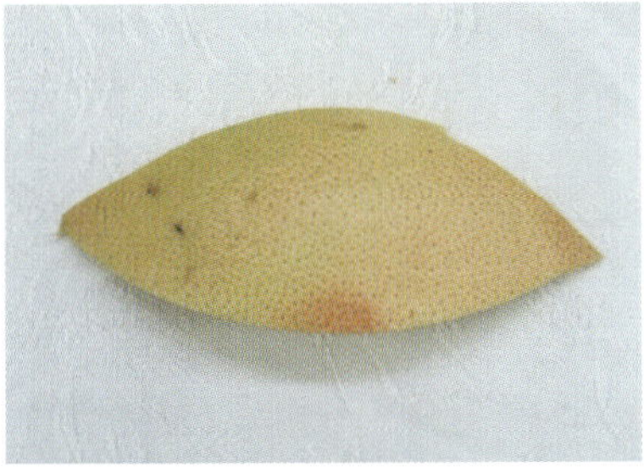

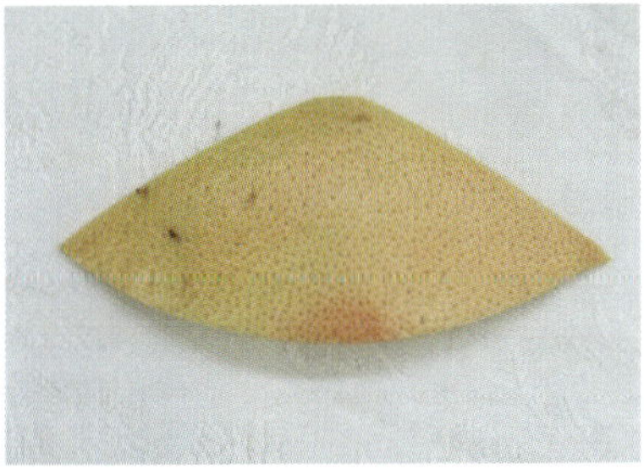

04

Recoupez le morceau de peau pour en accentuer légèrement la forme triangulaire, comme sur la photo.

05

Sur la base du triangle obtenu, taillez de très fines lamelles sur deux tiers de peau (en en laissant un tiers attaché à la base).

06
Du bout du doigt, décollez délicatement les lamelles les unes des autres pour les séparer en éventail.

07
Enroulez sur elle-même votre découpe en la tenant par la base.

08
Maintenez-la enroulée en fichant dedans un pic cocktail en bois.

09
Plantez le pic cocktail en bois sur une boule de pomme prélevée sur un fruit avec une cuillère à pomme, elle-même entaillée pour tenir sur le bord d'une verre (voir page 74).

08

LA MARGUERITE

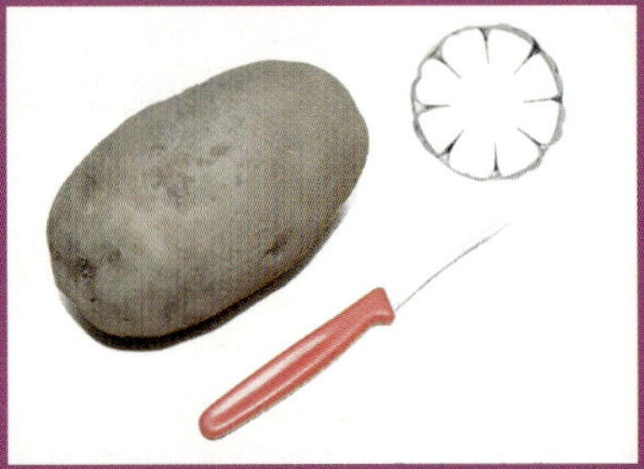

01
Une pomme de terre de grosse taille.
Un couteau thaï et un emporte-pièce (découpoir marguerite), une cuillère à pomme.

02
Coupez une tranche de pomme de terre de 1 cm d'épaisseur.

03

Avec l'emporte-pièce, découpez votre marguerite. Vous pouvez aussi la dessiner et la découper au couteau (photo).

04

Dans le centre de votre découpe, prélevez avec une cuillère à pomme une boule bien régulière.

05

Taillez les pétales en biais afin de désépaissir la fleur.

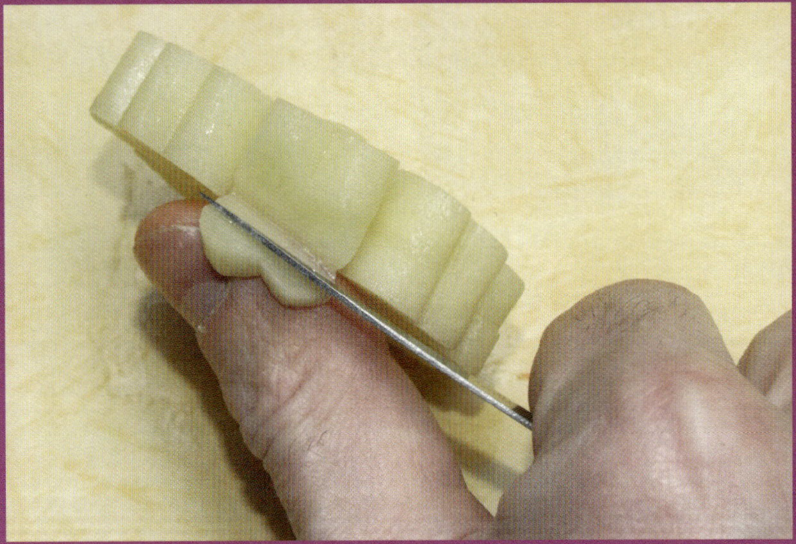

06

Donnez un peu de relief à vos pétales, en les creusant légèrement au centre.

Vous avez également la possibilité de faire frire cette fleur comme une pomme de terre frite afin de la déguster.

07
Redéposez la boule au centre de la fleur.

Pour faire tenir votre fleur sur le verre, entaillez-lui le dos sur quelques millimètres, pour créer une encoche.

09

LA POMÉOS

01
Une belle pomme verte granny smith ou rouge.
Un couteau thaï.

02
Coupez un quartier de pomme.

03

Taillez ce quartier en forme de feuille.

04

Pratiquez des encoches dans la peau, comme sur la photo, pour figurer les nervures de la feuille.

05
Dentelez le bord de la feuille, en soulignant la forme des entailles pratiquées dans l'étape précédente.

06
Pour faire tenir la feuille sur le verre, entaillez le quart de pomme par derrière, sur quelques millimètres, pour créer une encoche.

LA FLEUR DE FIGUIER DE BARBARIE

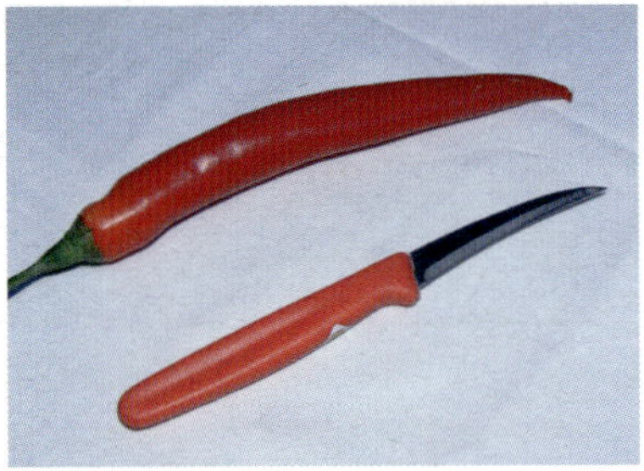

01
Un piment rouge, vert ou d'une couleur différente pour varier les effets.
Un couteau thaï, un pic cocktail en bois.

02
Avec la pointe du couteau thaï, entaillez la peau du piment à partir de sa base, et tout autour, en dessinant de petits demi-cercles sans entailler la chair.

03
Poursuivez ce travail jusqu'à la pointe du piment, comme le montre la photo.

04

En déposant le piment dans l'eau froide, les petits pétales que vous avez découpés vont s'ouvrir peu à peu : votre fleur est créée.

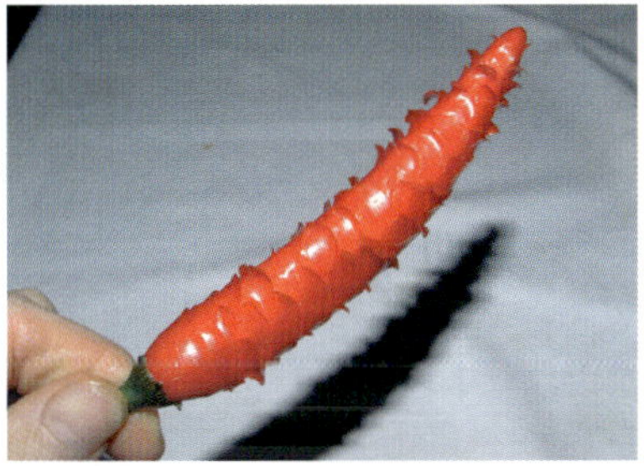

05

Comme pour les décors précédents, aidez-vous d'un pic cocktail en bois fiché dans la fleur pour la faire tenir sur le bord du verre.

Cette fleur signalera parfaitement un cocktail fort.

Faites preuve d'imagination ! n'hésitez pas à innover, notamment par rapport aux modèles que je vous propose, en fonction de la taille du verre ou de la couleur du cocktail. C'est à cette fin que je vous propose une photo finale où figure un piment vert.

11 LA FLEUR DE CHARDON

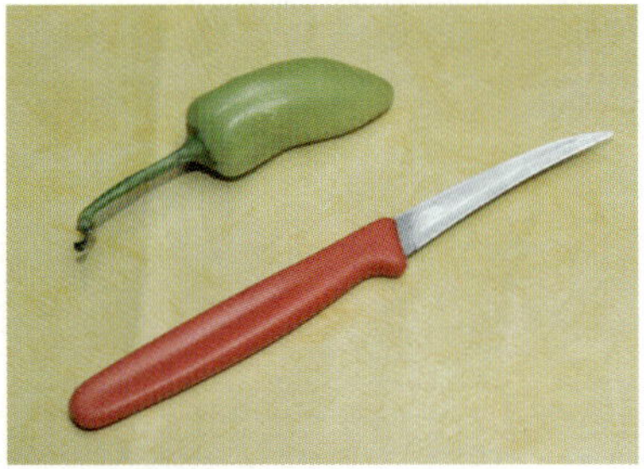

01
Un piment rouge ou vert.
Un couteau thaï.
Un morceau de pomme, un pic cocktail en bois et une cuillère à pomme.

02
Coupez droit l'extrémité du piment à 1 cm du bout.

03
Faites six incisions régulières sur le dessus de la coupe.

04
Dans le droit fil des incisions, coupez la chair jusqu'à la base du piment.

05
Fendez chaque pétale ainsi obtenu en deux dans le sens de la longueur jusqu à la base du piment (mais sans le détacher) pour dégager deux pétales identiques. Séparez tous les pétales délicatement et trempez votre fleur dans une eau très froide.

06
Après avoir laissé la fleur une bonne heure dans une eau très froide, fixez-la à une boule de pomme prélevée sur un fruit avec une cuillère à pomme grâce à un pic cocktail en bois (voir page 74). Enfoncez légèrement la boule sur le bord du verre, ainsi votre fleur tiendra toute seule.

12

L'ARUM EN FENOUIL

01
Un fenouil bien rond avec une tige assez longue, une carotte.
Un couteau-scie, un petit couteau d'office, une gouge droite, un pic cocktail en bois.

02
Avec le couteau-scie, coupez la base du fenouil, soit environ 2 à 3 cm de légume.

03
Détachez délicatement une tige du fenouil en prenant soin de ne pas la casser.

04
Sur un côté, découpez en partant du centre de la partie blanche une arabesque à l'aide du petit couteau.

05
Faites exactement de même de l'autre côté de la feuille.

06
La forme de l'arum étant ainsi réalisée, vous devez à présent désépaissir ce qui va être la fleur. Pour ce faire, à l'aide du couteau d'office, ôtez de l'épaisseur à la feuille du bulbe, de la partie haute de la feuille jusqu'à la base, en faisant attention à conserver la même épaisseur sur toute la surface.

07
Désépaississez le centre de votre feuille, en le creusant. Cette opération a pour but d'aménager l'endroit où vous déposerez le pistil de l'arum.

08

Pour réaliser le pistil, coupez un tronçon de carotte de 2 à 3 cm de longueur.
Coupez-le en deux dans la hauteur. Dans une des moitiés obtenues, réalisez la découpe présentée dans la photo ci-dessous.

09

Arrondissez la partie la plus grosse de votre morceau de carotte, comme pour former une grosse olive – essayez d'être régulier(ère) dans votre geste.

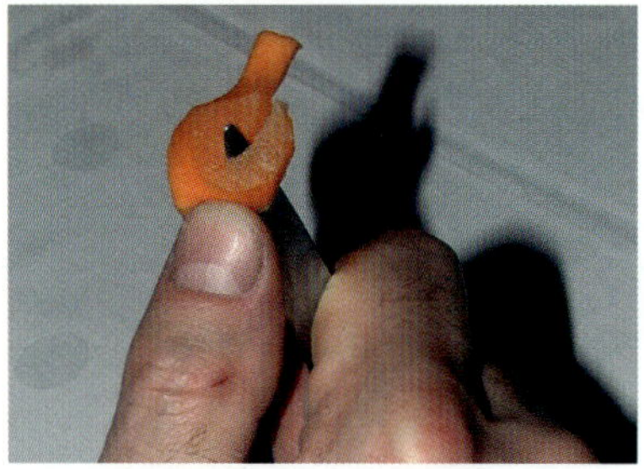

10

Avec une gouge de petite taille, sculptez les étamines du pistil. Taillez en dessinant des mouvements de spirale en partant du sommet du pistil et en réalisant des arcs de cercle. Répétez l'opération sur tout le pourtour.

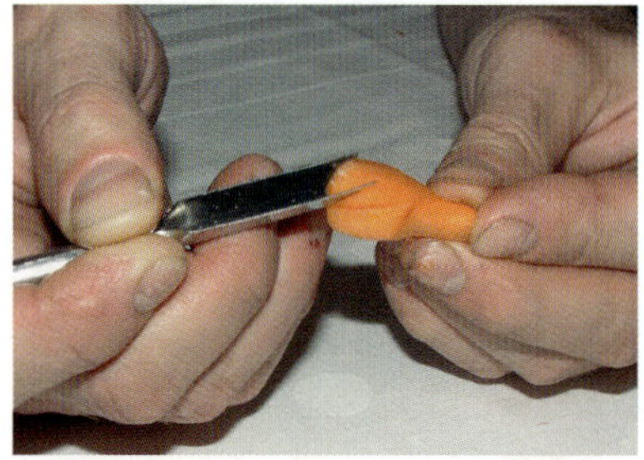

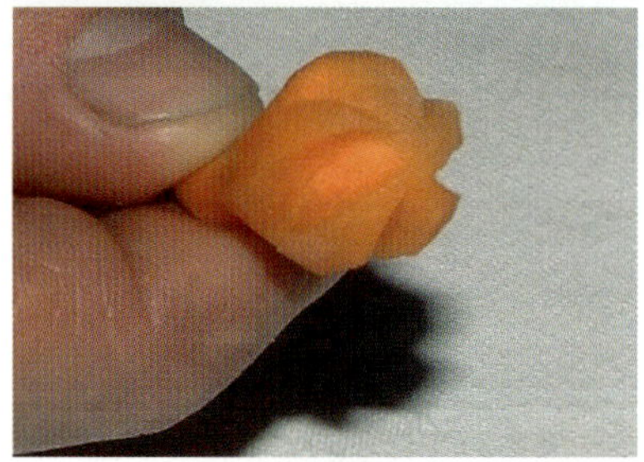

Votre pistil achevé, enfoncez un pic cocktail en bois dans sa base (sa partie étroite).

11

Enfoncez délicatement l'autre bout du pic cocktail en bois à l'intérieur de votre feuille. Si le trou aménagé précédemment n'est pas assez grand, ne forcez pas, mais creusez-le de nouveau avec le couteau d'office afin de pouvoir y placer le pistil sans casser la tige.

Trempez l'arum dans l'eau allongera sa durée de vie.

12

Pour faire tenir la fleur sur le bord du verre, pratiquez une encoche dans la tige permettant de la poser en biais. Servez ce décor avec des cocktails apéritifs à base de gin ou vodka.

13 L'ÉVENTAIL

01
Une pomme verte
(granny smith),
un grain de groseille.
Un couteau-scie, une cuillère
à pomme de taille moyenne,
un pic cocktail en bois.

02
Coupez en deux la pomme,
à environ 1 cm du centre comme
sur la photo.

03

Avec le couteau-scie, commencez à émincer le morceau le moins épais, en fines lamelles de 1 à 2 mm d'épaisseur au maximum. Réservez l'autre morceau de pomme.

04

N'émincez qu'un peu plus de la moitié de ce morceau de pomme. Vérifiez que les lamelles sont bien régulières.

05
Comme le montre la photo, faites glisser les lamelles superposées de façon à ce que leurs pointes se superposent à une de leur extrémité (vous pouvez, par exemple, les tasser légèrement contre une règle plate posée sur le côté).

06
À ce niveau, enfoncez un pic cocktail en bois. Ne laissez dépasser le pic, du côté apparent, que de 0,5 cm.

07
Dans le quartier de pomme réservé, prélevez, à l'aide de la cuillère à pomme, une boule bien ronde.

08
Fixez la boule de pomme au pic, derrière le paquet de lamelles.

09
Étalez à présent les lamelles pour réaliser l'éventail. Dépliez-les de manière à former une demi-rosace. Piquez une baie de groseille pour masquer le bout du pic cocktail en bois.

10
Fichez sur le bord de votre verre la boule de pomme (en faisant attention à ce que le côté avec le grain de groseille « regarde » l'heureux(se) destinataire du verre) en forçant légèrement pour faire tenir votre éventail.

14 LA ROSACE

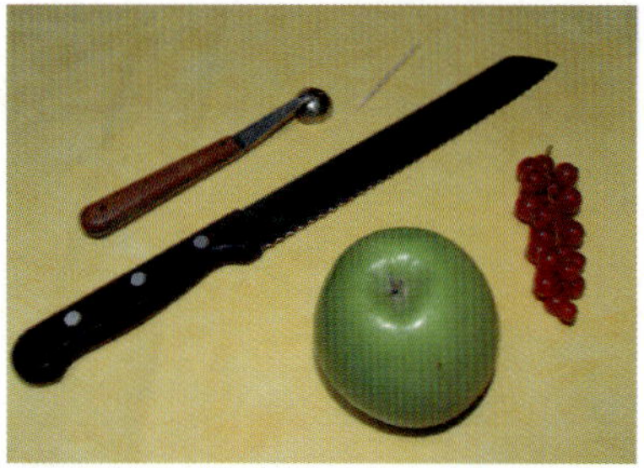

01

Une pomme verte (granny smith), un grain de groseille.
Un couteau-scie, une cuillère à pomme de taille moyenne, un pic cocktail en bois.

02

Coupez en deux la pomme, à environ 1 cm du centre comme sur la photo.

03

Avec le couteau-scie, commencez à émincer le morceau le moins épais, en fines lamelles de 1 à 2 mm d'épaisseur au maximum. Réservez l'autre morceau de pomme.

04
N'émincez qu'un peu plus de la moitié de ce morceau de pomme. Vérifiez que les lamelles sont bien régulières.

05
Comme le montre la photo, faites glisser les lamelles superposées de façon à ce que leurs pointes se superposent à une de leur extrémité (vous pouvez, par exemple, les tasser légèrement contre une règle plate posée sur le côté).

06
À ce niveau, enfoncez un pic cocktail en bois. Ne laissez dépasser le pic, du côté apparent, que de 0,5 cm.

07
Dans le quartier de pomme réservé, prélevez, à l'aide de la cuillère à pomme, une boule bien ronde.

08
Fixez la boule de pomme au pic, derrière le paquet de lamelles.

09

Étalez à présent les lamelles comme pour réaliser l'éventail (décor précédent).

10

Répartissez les lamelles jusqu'à obtenir une très jolie figure géométrique.

11
Piquez un grain de groseille pour masquer le bout du pic cocktail en bois.

12
Fichez sur le bord de votre verre la boule de pomme (le côté avec le grain de groseille vers le buveur) en forçant légèrement pour faire tenir votre éventail.

15 LA PLUME

01
Une belle pomme de couleur rouge.
Un couteau-scie, une cuillère à pomme de taille moyenne, un pic cocktail en bois.

02
Coupez la pomme en deux parties égales, puis en quartiers.

03
Prenez un quartier. À l'aide du couteau-scie, Coupez une tranche de 1 mm d'épaisseur et cela pratiquement jusqu'à la base. Attention ! ne détachez pas la tranche !

04

Retournez le quartier de manière à répéter l'opération en détachant, cette fois, l'empenne de pomme. Répétez l'opération autant que possible jusqu'à la fin du quartier. Les empennes deviennent ainsi de plus en plus petites.

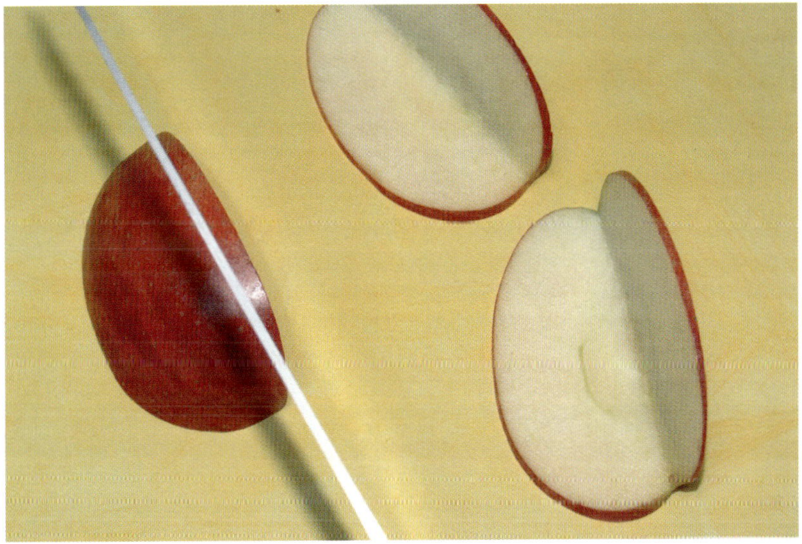

05

Une fois tout le quartier découpé, posez les empennes les unes sur les autres en les décalant légèrement afin de former cette jolie plume.

06
Dans un des quartiers de pomme intacts, prélevez, à l'aide de la cuillère à pomme, une boule bien ronde.

07
Transpercez la boule de pomme avec le pic cocktail en bois, en laissant dépasser ce dernier de 1 cm environ.

08
Fixez sur le bord de votre verre la boule de pomme avec le pic (le cm de pic apparent au-dessus) en forçant légèrement pour la faire tenir.

09

Saisissez délicatement la plume entre vos doigts et enfoncez-la, à peu près à mi-hauteur, sur le pic cocktail en bois. Vérifiez une dernière fois l'égalité des écarts entre les différentes empennes de pomme, avant de verser le cocktail dans le verre.

Attention en transportant le verre, car, en fonction du nombre d'empennes, le décor peut s'avérer fragile.

16 L'ÉPISSINE

01
Une belle pomme de couleur rouge (ou verte, ou jaune !), un grain de groseille.
Un couteau-scie, une cuillère à pomme de taille moyenne, un pic cocktail en bois.

02
Coupez la pomme en deux parties égales, puis en quartiers.

03
Prenez un quartier. À l'aide du couteau-scie, Coupez une tranche de 1 mm d'épaisseur et cela pratiquement jusqu'à la base. Attention ! ne détachez pas la tranche !

04

Retournez le quartier de manière à répéter l'opération en détachant, cette fois, l'empenne de pomme. Répétez l'opération autant que possible jusqu'à la fin du quartier. Les empennes deviennent ainsi de plus en plus petites.

05

Étalez les empennes ainsi réalisées.

06
Emboîtez-les de manière artistique, selon ce que vous trouverez joli.

07
Dans un des quartiers de pomme intacts, prélevez, à l'aide de la cuillère à pomme, une boule bien ronde.

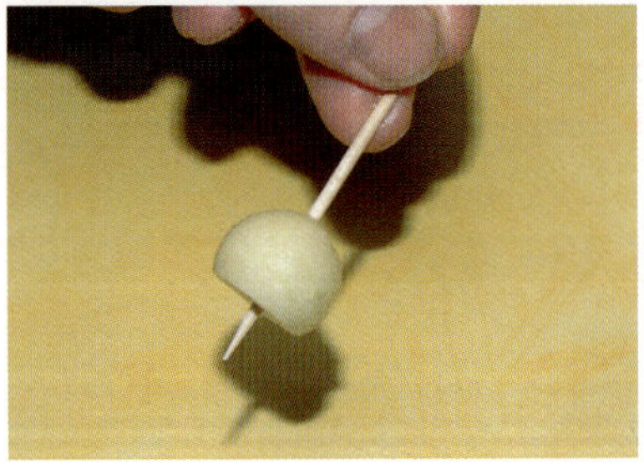

08
Transpercez la boule de pomme avec le pic cocktail en bois, en laissant dépasser ce dernier de 1 cm environ.

09

Fixez sur le bord de votre verre la boule de pomme avec le pic (le cm de pic apparent au-dessus) en forçant légèrement pour la faire tenir.

10

Fichez avec délicatesse votre décor sur le pic cocktail en bois.

Jouez sur les couleurs et le nombre d'empennes pour apporter de la fantaisie au modèle de base dont je viens de vous décrire le montage.

11

Achevez le montage, avec doigté toujours.

12

Apportez une touche finale en piquant un grain de groseille pour masquer le bout du pic cocktail en bois.

Attention en transportant le verre, car, en fonction du nombre d'empennes, le décor peut s'avérer fragile.

17 LA ROSEUS

01
Un citron, une prune rouge, 4 à 5 pétales de rose, un brin de ciboulette ou d'une herbe de cuisine (fine).
Un couteau thaï, une paille, un pic cocktail en bois.

02
Dans le citron, découpez une rondelle régulière et pas trop épaisse.

03
Détaillez en séparant la pulpe du citron de la peau. Attention ! Sans couper cette dernière, ne laissez pas trop de peau blanche à l'intérieur.

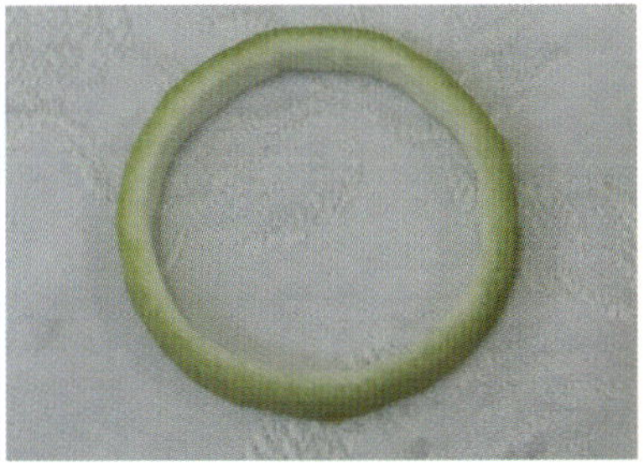

04
Vrillez votre anneau en peau de citron. Maintenez la forme en 8 obtenue en la piquant en son centre avec le pic cocktail en bois.

05
Vous avez besoin d'une tranche de prune ($1/8^{e}$ environ) : taillez un quartier de prune, puis coupez-le en deux.

06
Reprenez votre petite cravate en citron et ajustez le pic cocktail en bois de manière à en laisser dépasser 1 cm d'un côté : montez en rosace, en les piquant dessus, les pétales de rose comme pour reconstituer la fleur.

07
Au centre de ces pétales, enfoncez le quartier de prune sur l'extrémité du pic cocktail en bois.

08
Coupez la paille en deux morceaux, dont un de 5 cm de longueur.

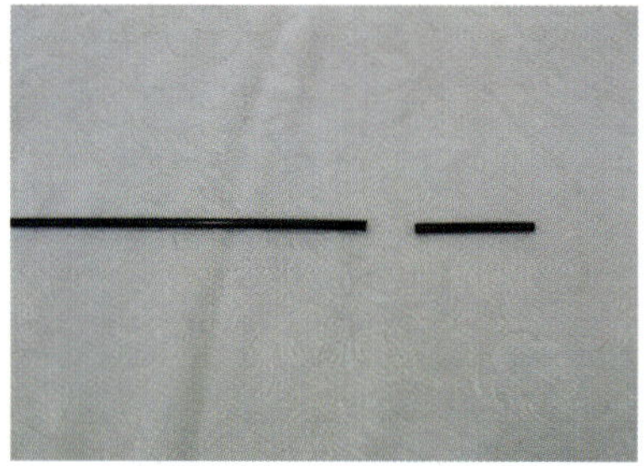

09
Enfilez, dans le morceau de paille de 5 cm, le brin de ciboulette.

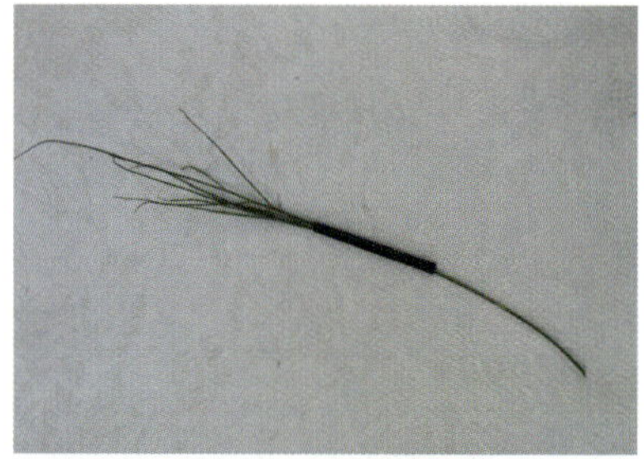

10
Enfoncez également à l'intérieur de ce morceau de paille le pic cocktail en bois sur lequel vous avez monté les pétales et le morceau de prune.

11
Incisez le grand morceau de paille sur 5 cm : grâce à cette entaille, emboîtez l'autre morceau.

18

LE CANARD

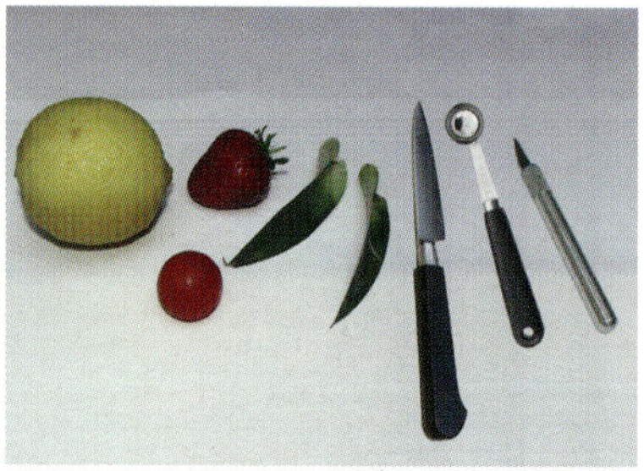

01

Une fraise ovale et une tomate cerise fermes et bien rouges, un citron jaune sans taches, trois feuilles d'ananas (deux petites, une moyenne).
Un cutter à lame scalpel, un couteau d'office, deux pics cocktail en bois, une cuillère à pomme, un briquet.

02

Avec le couteau d'office, coupez un quartier de peau de citron et débarrassez-le de la peau blanche, dessous.

03
Sur ce morceau de peau, appuyez la cuillère à pomme pour inciser un demi-cercle, que vous allez détacher proprement avec le cutter à lame scalpel. Pliez cette forme en deux pour l'incurver.

04
Au couteau, dessinez une entaille en forme de demi-cercle sur la tomate cerise.

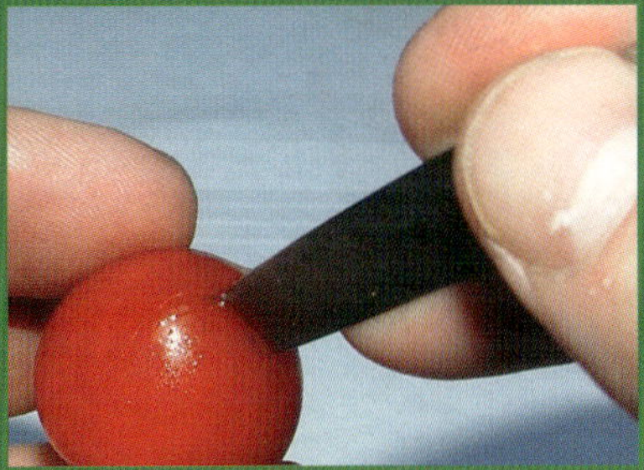

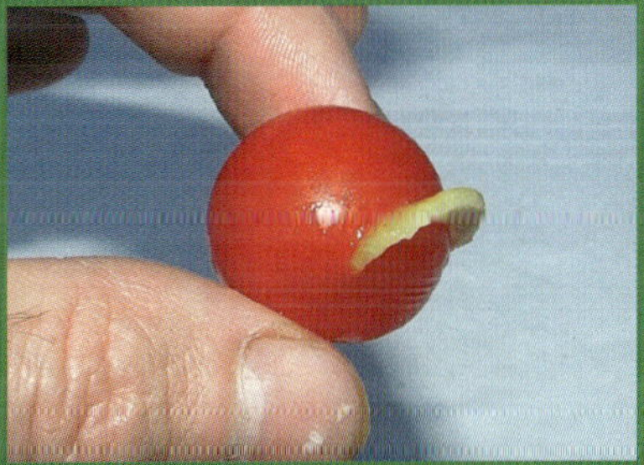

05
Insérerez dans la fente obtenue le demi-cercle légèrement incurvé, de manière à former le bec.

06
Brûlez, pour les noircir, les deux bouts d'un pic cocktail en bois.

07
Pour réaliser les yeux du canard, enfoncez de part et d'autre du bec une extrémité du pic cocktail en bois noirci par le feu. Coupez-le pic à ras de la peau.

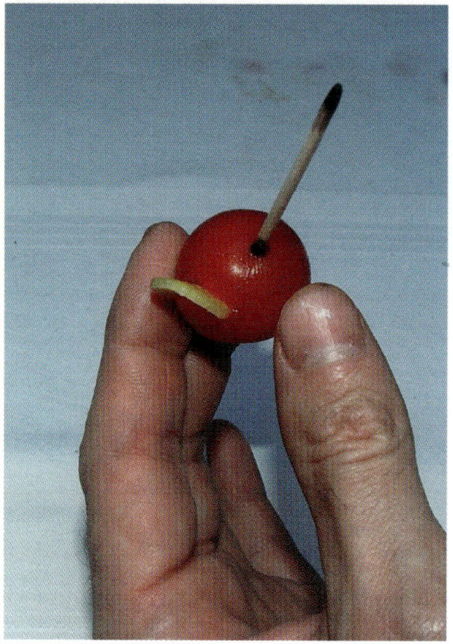

08
Fixez ensuite la tête à l'aide d'un pic en bois au reste du corps, c'est-à-dire à la fraise.

09
Avec les petites feuilles d'ananas, confectionnez les ailes en partant du bord et en faisant un épi à l'aide du scalpel.

10
Faites deux entailles de chaque côté de la fraise.

11
Glissez dans ces entailles les ailes en feuille d'ananas, en hérissant du bout du doigt les épis.

12

Dans la feuille d'ananas moyenne, taillez une plume en forme de V, grand et long.

13

Incisez l'arrière du corps du canard pour y insérer la queue que vous venez de découper.

14

Pratiquez une petite encoche sous la fraise de manière à faire tenir votre décor sur le bord d'un verre.

Vous pouvez ajouter à votre oiseau un plumet en feuille d'ananas sur la tête pour lui ajouter une note exotique et le transformer en oiseau des îles !

19

DES BESTIOLES JAUNES

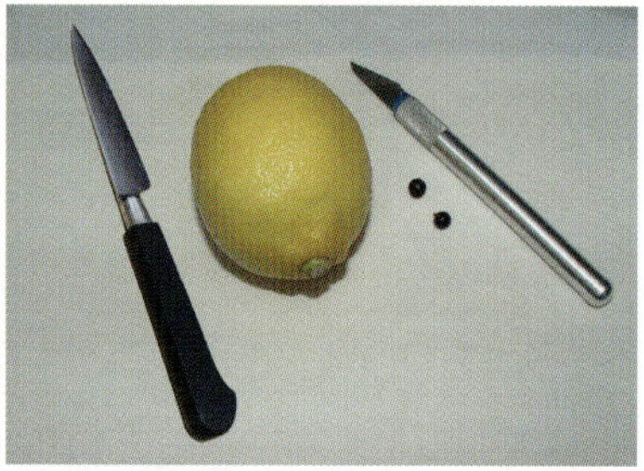

01
Un citron sans tache et ferme, deux baies de genièvre.
Un cutter à lame scalpel, un couteau d'office.

02
À l'aide du couteau d'office, coupez la base du citron pour le faire tenir de façon stable sur la table. Réservez le morceau coupé pour y confectionner les oreilles et la queue.

03
Dans ce morceau, en effet, découpez en rond au scalpel une fine lamelle de peau jaune.

04
Faites un nœud large dans cette fine lamelle puis incisez le coté du citron sans l'attache du pédoncule, et insérez dans cette entaille un bout de cette lamelle.

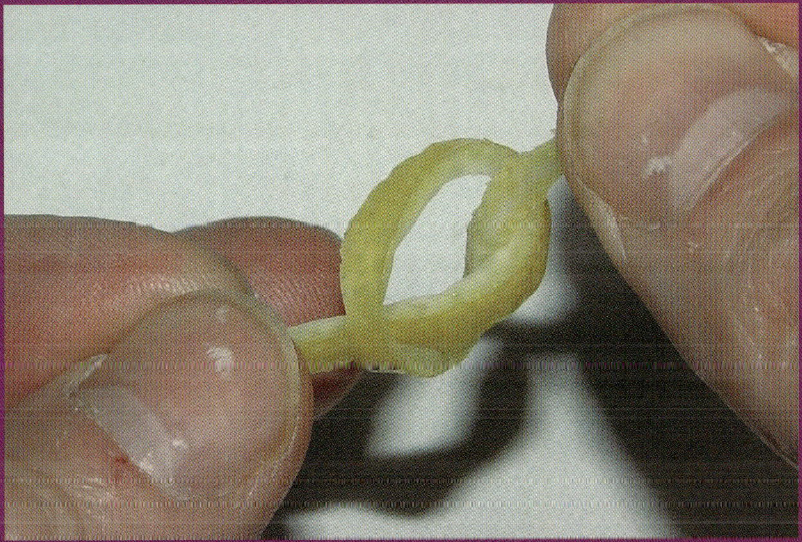

05
De part et d'autre de l'attache du pédoncule, légèrement au-dessus, faites deux petits trous au cutter à lame scalpel pour y insérer les baies de genièvre : vous venez de donner des yeux à votre cochon.

06
Sur le morceau de citron réservé, découpez deux triangles pour former les oreilles.

07
Incisez, au-dessus des yeux, deux entailles régulières et incorporez-y les oreilles.

Ces décors en citron servent sur les buffets,
mais aussi en centre de table ou en décoration de
cocktail.

20

LE PERROQUET

01
Un cutter à lame scalpel,
une cuillère à pomme,
deux pics cocktail en bois,
un briquet.

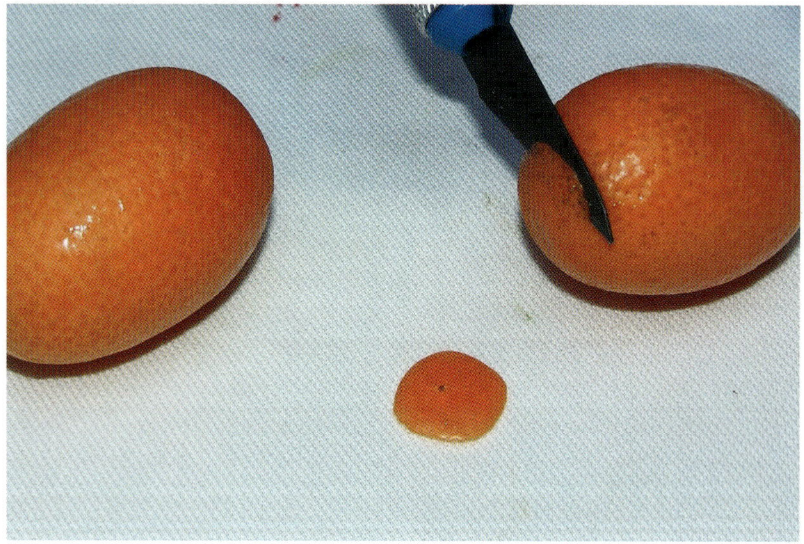

02
Prenez deux kumquats. Coupez une petite lamelle régulière à une des extrémités de chacun.

03
Posez ces deux entames l'une sur l'autre et taillez dedans une forme de bec crochu.

04
Détachez un morceau de peau du citron.

05
Détachez-en la pellicule blanche sans la déchirer. Réservez les parties jaune et blanche.

06
Dans la peau blanche, en appuyant dessus la cuillère à pomme, détachez 2 disques identiques.

07

Prenez le morceau de peau jaune du citron. Pliez-la en triangle.

08

À l'aide de la cuillère à pomme, utilisée en guise d'emporte-pièce, dessinez quatre empreintes circulaires sur la base du triangle.

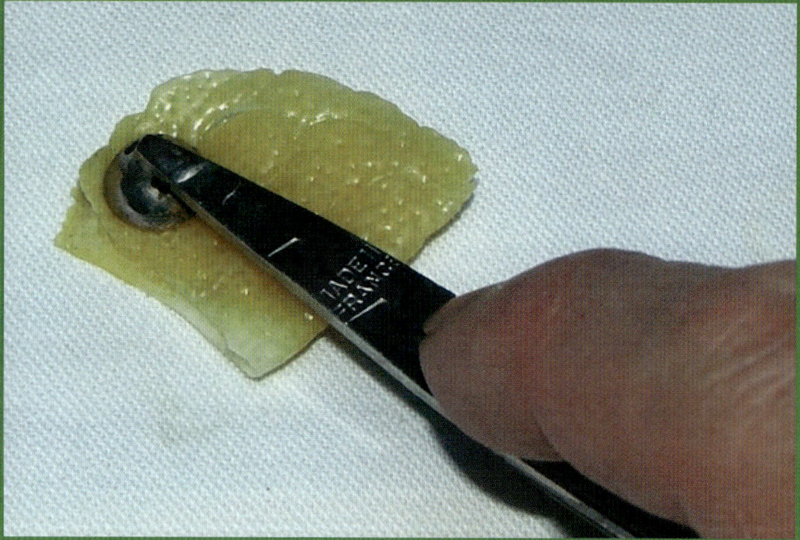

09

Avec le cutter à lame scalpel et en suivant les empreintes de cuillère à pomme, découpez les plumes.

10

Ouvrez la peau et coupez-la au milieu pour obtenir deux ailes symétriques.

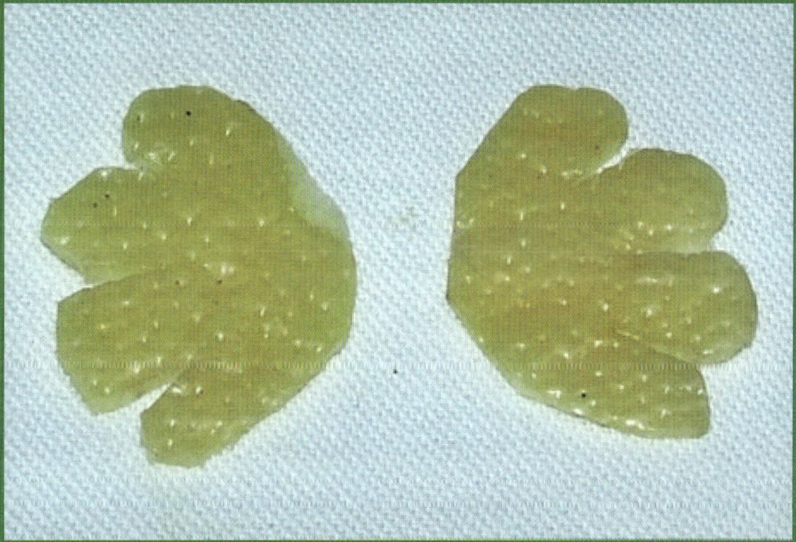

11
Faites une incision peu profonde sous le troisième kumquat. Dessus, à l'emplacement futur de la tête du perroquet, enfoncez un pic cocktail en bois raccourci de moitié.

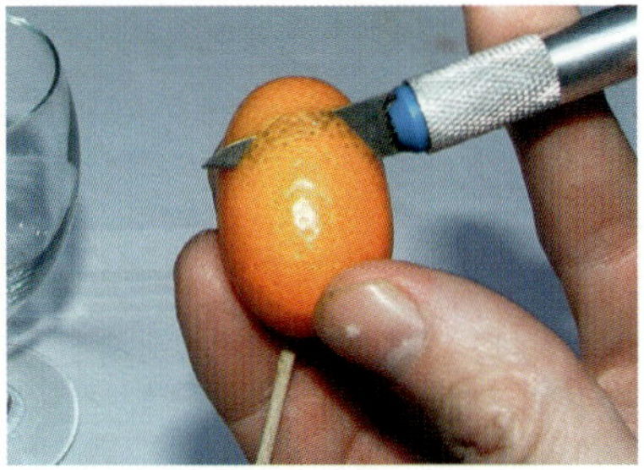

12
Posez le kumquat sur le bord d'un verre en l'enfonçant légèrement dans l'incision pratiquée dessous.

13
Dans la feuille d'ananas moyenne, taillez une plume en forme de V, grand et long. Dans les deux petites, taillez deux plumes simples.

14
Réalisez trois incisions dans la pointe du kumquat pour y insérer les plumes en feuille d'ananas pour y figurer la queue comme sur les photos.

15

Faites deux entailles parallèles sur les côtés du kumquat.

16

Insérez dans ces entailles latérales les ailes en peau de citron. Vous pouvez éventuellement les soutenir avec un petit morceau de pic cocktail en bois enfoncé dessous.

17

Dans la tomate cerise, tenue de façon à ce que le pédoncule soit placé en haut, creusez un petit triangle.

18
Insérez-y le bec réalisé à partir des ronds de kumquat.

19
Brûlez, pour les noircir, les deux bouts d'un pic cocktail en bois. Coupez-le en deux.

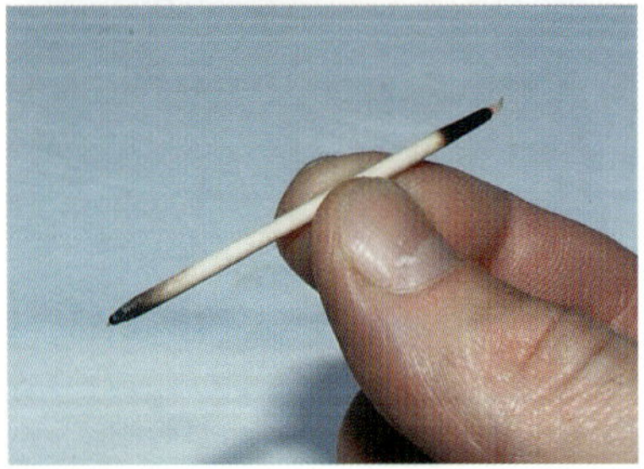

20
Enfoncez sur un des morceaux du pic noirci un rond de peau blanche et piquez le tout sur la cerise tomate à côté du bec ; coupez le pic à ras de la peau. Répétez l'opération de l'autre côté du bec. Vous venez d'achever les yeux du perroquet.

21

Fixez la tête en tomate sur le corps en kumquat déjà fixé sur le bord du verre.

22

Versez a présent votre cocktail dans le verre. Servez !

21 LE TRIANGOULET

01
Une pomme verte granny smith, un grain de groseille.
Un couteau d'office et un pic en bois de cocktail.

02
Coupez la pomme par la moitié, puis cette moitié de pomme en deux, puis à nouveau en deux, à chaque fois de façon égale et droite.

03
Prenez un des huitièmes de pomme obtenu et positionnez-le comme sur la photo. Le morceau de pomme vous présente une forme triangulaire. À l'intérieur, découpez l'empreinte d'un autre triangle à un millimètre du bord.

04
Enlevez délicatement l'intérieur du triangle. Vous obtenez ainsi un autre morceau de pomme de forme triangulaire, plus petit.

05
Répétez cette opération pour obtenir une série de formes triangulaires qui s'enchâssent.

06
À l'aide d'une cuillère à pomme, confectionnez une boule de pomme dans un des morceaux de pomme inutilisés ; enfoncez dedans un pic cocktail en bois.

07

Sur le pic, au-dessus de la boule de pomme, enfoncez la forme triangulaire la plus grosse (bien au milieu).

08

Enfilez les autres morceaux sculptés, en piquant toujours au milieu, du plus grand au plus petit.

TABLE DES MATIÈRES

Bonjour ! 5

Fruits et légumes 7

Matériel 8

Centrifugeuse et bol mixer 16

DES COCKTAILS DE FRUITS ET LÉGUMES

01 Le jus de carotte à la fleur d'oranger 20

02 La roseline de tomate 21

03 La pomeline au doux céleri 22

04 L'émulsion de fraise au poivre de Sichuan 23

05 Le jus de poire à la ciboulette 24
06 La mangue à la menthe fraîche 25
07 Le carotte Pendjab 26
08 La pomme gingembre 27
09 La yaourtine de raisin 28
10 La mandarine à l'aneth 29
11 Le Pamela Rose 30
12 L'ananas coriandre 31
13 L'orangine au doux kaki 32
14 Le jus de passion au pressé d'herbes 33
15 L'abricot absolu 34
16 Le banane cocomiel 35
17 Le jus de pêche blanche au basilic 36
18 L'émulsion de pomme à la mangue 37
19 Le couleur d'automne 38

20 Le lune de miel 39
21 Le Banana Smoothie 40
22 Le caraïbe 41
23 Le Pompom Girl 42
24 Le maharaja 43
25 Le douceur de melon à la vanille 44
26 Le Peggy's Folies 45
27 Le granité à la pastèque et à l'eau de rose 46
28 Le grog à la sauge et à la pomme cannelle 47
29 La citronnade à l'ancienne 48
30 Le granité de papaye au sorbet de citron vert 49
31 Le cidre au kiwi 50
32 Le lait glacé framboise-myrtille 51
33 Le vin chaud épicé 52
34 Le jus de melon et de poire à la menthe 53
35 Le frappé exotique 54

36 Le lait mousseux à la vanille et aux amandes 55
37 Le granité aux agrumes 56
38 Le cidre au Midori et aux boules de melon 57
39 L'essentiel 58
40 Le revitalisant Jojocerise 59

DES SCULPTURES DE FRUITS ET LÉGUMES

01 L'hirondelle 62
02 La feuilline 64
03 Une petite fleur rouge 66
04 La courte fleurette 70
05 Le cœur en écorce d'agrume 76
06 Le rouleau en écorce d'agrume 82
07 Le bouquet en écorce d'agrume 86

08 La marguerite 90
09 La poémos 94
10 La fleur de figuier de barbarie 98
11 La fleur de chardon 100
12 L'arum en fenouil 102
13 L'éventail 106
14 La rosace 112
15 La plume 118
16 L'épissine 122
17 La roscus 128
18 Le canard 132
19 Des bestioles jaunes 136
20 Le perroquet 140
21 Le triangoulet 148

DU MÊME AUTEUR

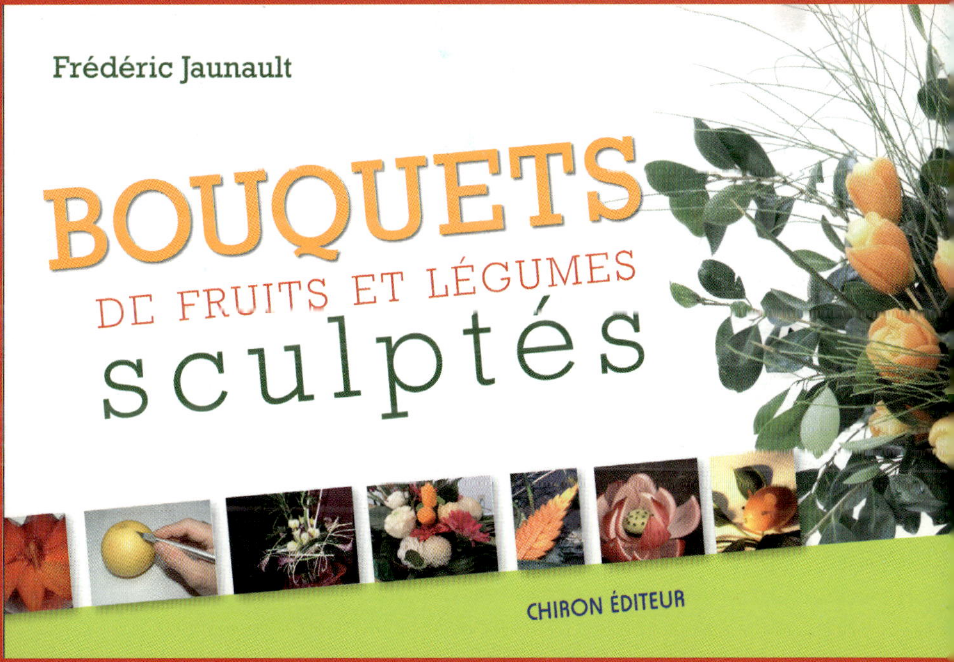

Achevé d'imprimer en septembre2007
sur les presses de la Nouvelle Imprimerie Laballery
58500 Clamecy
Dépôt légal : septembre2007
Numéro d'impression : 708178

Imprimé en France